本书由国家自然科学基金项目(NO. 72274212/72140001/71874202)、教育部人文社科规划基金项目(NO.21YJA790009)、教育部新文科研究与改革实践项目“能源经济专业的新文科模式探索与实践”(2021)及北京社会科学基金决策咨询重点项目(NO.21JCB106)联合资助

净能源理论及其核算方法

冯连勇　冯敬轩　迟远英　著

科学出版社

北京

内 容 简 介

本书从净能源的角度出发，研究了一系列净能源相关的理论，通过投入产出数据，从自上而下和自下而上两个方面建立模型，评估中国化石能源净能源供应变化趋势，并且通过数值模拟方法评估了非化石能源净能源供应的潜力，在此基础上建立了净能源型生产函数，分析了净能源对经济发展的影响。

本书适合能源经济领域的相关研究人员及政策制定者，特别是高校和科研院所等关注能源转型的相关研究者阅读参考，旨在提供一个全新的研究角度和决策制定的参考。

图书在版编目(CIP)数据

净能源理论及其核算方法 / 冯连勇，冯敬轩，迟远英著. —北京：科学出版社，2023.4

ISBN 978-7-03-071460-2

Ⅰ. ①净…　Ⅱ. ①冯…　②冯…　③迟…　Ⅲ. ①能源经济-研究　Ⅳ. ①F407.2

中国版本图书馆CIP数据核字(2022)第023710号

责任编辑：万群霞 / 责任校对：王萌萌
责任印制：吴兆东 / 封面设计：蓝正设计

科 学 出 版 社 出版
北京东黄城根北街 16 号
邮政编码：100717
http://www.sciencep.com
北京中石油彩色印刷有限责任公司 印刷
科学出版社发行　各地新华书店经销
*
2023 年 4 月第　一　版　开本：720 × 1000　1/16
2023 年 4 月第一次印刷　印张：9 1/4
字数：184 000

定价：98.00 元

(如有印装质量问题，我社负责调换)

作者简介

冯连勇 博士，中国石油大学(北京)经济管理学院教授、博士生导师，国家一流专业(能源经济)能源经济专业负责人，主要研究方向为生物物理经济学、生态经济学、能源经济等。主持国家自然科学基金项目 5 项、国家社会科学基金重大项目子课题 2 项。在 *Energy*、*Energy Policy*、*Journal of Cleaner Production*、*Oil & Gas Journal*、《系统工程理论与实践》、《石油学报》等国内外期刊，以及《人民日报》《环球时报》《中国石油报》等报纸发表文章近百篇，其中被 SCI 收录 30 篇，SSCI 收录十余篇。主要著作有《能源回报理论与方法》《化石能源资源约束与气候变化》《峰值的幽灵》《走进后石油时代》《国际石油经济学(第二版)》《生物物理经济学理论及其应用：新经管模式的理论依据》，以及英文著作 *The Chinese Oil Industry: History and Future* 等。

冯敬轩 博士，高级工程师，现就职于中国石油天然气集团有限公司。在 *Energy*、*Journal of Cleaner Production*、*Energies*、*Energy Reports*、*Petroleum Science*、《中国矿业》、《中国能源》、《油气与新能源》、《世界石油工业》、《人民日报》、《中国石油报》等报纸、期刊、杂志发表文章多篇，参与国家自然科学基金项目 2 项。

迟远英 博士，教授，博士生导师，高级经济师。现任北京工业大学能源政策研究中心主任，兼任中国技术经济学会环境技术经济分会理事、IEEE-PES 电气与能源协会北京区副主席等职。具有多年能源企业工作经验，长期从事低碳经济与新能源、能源产业经济、绿色可持续发展等方面的研究。

前　言

在如今的大学课堂上，经济学常常被模型化为一个纯主观设计的理论世界，这个世界与现实中发生的事情只有间接的联系，经济活动似乎纯粹以人的意志为转移，而不需要能量和物质来推动经济社会发展。毋庸置疑，能源是自然界与人类经济活动的纽带，能源对于人类社会发展产生了深刻的影响。既然经济社会的发展如此依赖能源的使用，而人类社会依赖的能源全部来自自然，那么真正的能源经济学应该关心的是包括能源在内的自然物质资源的生产、转化和消费，而不仅是从供需和价格的角度考虑能源。这就是我们需要重新审视能源经济学的重要原因。

从净能源的角度出发，重新审视能源与经济的关系，就是本书重要的写作背景之一。净能源分析是从物质流和隐含能的角度出发，研究能源净产出的重要方法，只有净能源才是经济社会发展真正使用的能源。认识到净能源与经济社会发展的关系后，中国净能源的生产效率、供应潜力、对经济发展的影响就有了研究价值。本书对中国净能源影响的研究主要分为理论、方法和应用研究三大部分：理论研究方面，首先对净能源相关基础理论进行系统的整理，高度概括已有的理论，提出新的理论并探讨，并对净能源产出与总一次能源供应量之间的数量关系、净能源产出与经济社会发展之间的关系进行研究；方法研究分为两个方面，分别为微观层面(自下而上)和宏观层面(自上而下)的分析模型建立；应用研究方面则是利用净能源分析方法，分别从微观和宏观角度进行全生命周期净能源分析，同时对风能、太阳能和生物质能的净能源资源潜力进行评估，依据研究结果得出一条中国能源转型的可行路径。

从净能源的角度出发对能源和经济关系进行深入研究是一项复杂的课题，涉及不同的学科知识和实践研究。鉴于作者的理论水平和知识背景有限，完成这样一部专著也仅仅是探索性研究的开始，希望这些粗浅的研究能够给予相关研究者一些可以借鉴的思考角度和分析方法，这也是作者希望这项研究能够出版成册的原因。

在本书相关内容的研究过程中，冯敬轩博士完成了理论分析和模型构建等基础工作，冯连勇教授对于净能源理论联系中国实际情况方面做出了开创性的贡献，迟远英教授给予了数据支撑。

尽管做了很多努力，但本书仍有很多缺憾和不妥之处，在此恳请各位读者批评指正，并提出宝贵的意见。最后，向为本专著出版付出努力的各位表示真诚的感谢！

冯连勇　冯敬轩　迟远英

2022 年 9 月

目　录

第1章 绪　论

1.1 研究背景

200 多年前，一位名叫托马斯·罗伯特·马尔萨斯的英国牧师在其著作《人口原理》中描述了这样一个故事：英国某地的人均耕地丰富，因此社会繁荣发展，人口大量增长，而当人口数量增长至土地承载极限后又造成了人均耕地急剧减少，生产资料、食品价格上涨，劳动报酬下降，人均消费，特别是贫困阶层的人均消费快速下降。此时经济危机往往伴随着饥荒、瘟疫和战争而来，导致低生育和高死亡率，人口数量增长随之放缓直至快速下降，人均耕地恢复到合理水平后重新发展。基于此，马尔萨斯提出了著名的“马尔萨斯陷阱”理论：生产资料按算术级数增加，而人口按几何级数增长，因此生产资料的增加赶不上人口的增长是必然趋势。随后爆发的危机导致社会人口数量被动削减，生活资料又开始相对丰富，从而进入一个新的发展周期[1]。

除此之外，Turchin 和 Nefedov 合著的 *Secular Cycles* 也证明了马尔萨斯周期的存在[2]。该书分析了包括中国(图 1.1)在内的八个经历过社会崩溃的农业经济体，发现这些经济体都经历了数个波浪式的发展历程：在人口增长达到土地的承载能力极限之前，经济往往要增长很多年，一旦承载力受到冲击，这些经济体无

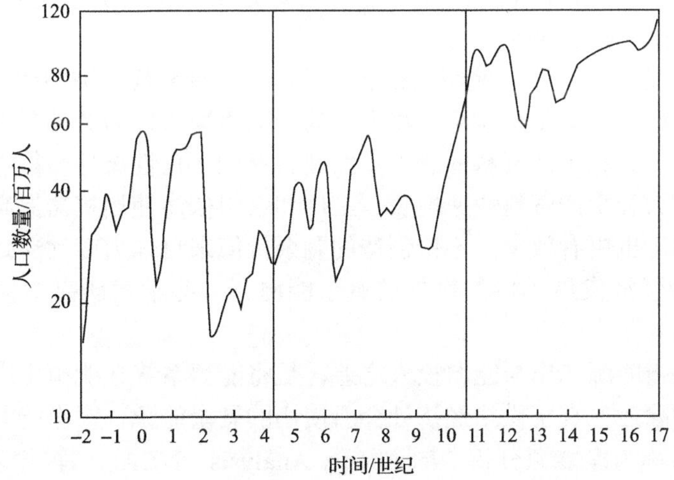

图 1.1　公元前 200 年至公元 1710 年中国人口动态[2]

一例外都进入了滞胀阶段。在此期间，人口和国内生产总值(Gross Domestic Product，GDP)增长都会放缓，接踵而至的经济危机导致GDP和人口大幅下降。这些危机以各种各样的形式出现，有客观因素导致的，如瘟疫、饥荒、自然灾害等；还有一些是由主观因素导致的，如《伯罗奔尼撒战争史》[3]中，以雅典为首的提洛同盟与以斯巴达为首的伯罗奔尼撒联盟之间为了获得更多生存空间而陷入了一场旷日持久的国家战争(修昔底德陷阱)。在动荡和崩溃之后社会秩序得以重建，为新一轮发展周期的到来奠定了基础，这一起一落为一个周期，一般为300年左右。

从历史的角度来看，人类社会发展的进程就是一部能源转型的历史，即从低品质能源向高品质能源进化的过程：从原始社会、奴隶社会、封建社会使用的薪柴，到工业革命后大量使用的煤炭等化石能源，人类活动的范围越来越大，社会运转速度越来越快，结果是经济财富快速积累，物质财富极大丰富。根据马克思政治经济理论描述，财富的来源是剩余价值的大量积累，这种财富的积累方式主要是通过剩余价值资本化后的扩大再生产实现的。资本家将通过雇佣劳动剥削得到的剩余价值中的一部分用于个人消费；另一部分转化为资本，用于购买扩大生产规模所需追加的生产资料和劳动力，从而实现了社会化扩大再生产。马克思在《资本论》第一卷中论述："把剩余价值当作资本使用，或者说把剩余价值再转化为资本，叫作资本积累……积累就是资本的规模不断扩大的再生产……为了要积累，人们必须把剩余产品一部分转化为资本……一定价值从一定量剩余价值所借以体现的产品量，随劳动生产力而增大。"[4]实际上，劳动力也可以分为体力劳动和脑力劳动，如果把劳动中的体力劳动也认为是经济社会消耗的一种能源，那么在化石能源大量使用之前，大量体力劳动者通过剩余劳动创造的剩余价值就是剩余能源。因此，在19世纪以前，经济社会发展所需要的剩余能源主要来自体力劳动者付出的额外剩余劳动力。

19世纪工业革命以来，使用化石能源的机器大量替代人类的体力劳动，为经济社会发展生产了大量剩余能源，将人类的劳动逐渐从体力劳动释放到脑力劳动中，促进了生产力和生产资料的进一步发展，形成了良性循环。依靠大量消耗化石能源，生产力和生产资料快速增长，工厂和农田依靠使用机器提高了生产力，生产资料的加工也更有效率。不论创造的剩余价值来自体力劳动还是化石能源，本质上都是为经济发展提供的额外的剩余能源，一些学术研究中称其为净能源(Net Energy)。

净能源是指能源产出与能源投入之差，是将能源系统在能源生产过程中消耗的能源投入剔除后，真正供给经济社会所使用的剩余能源。对净能源产出情况进行分析的行为称为净能源分析(Net Energy Analysis，NEA)。净能源分析一般从净能源产出(Net Energy Yields，NEY)总量和净能源生产效率两个角度进行，其中净能源产出考虑的是净能源供应的绝对量，而能源投入回报(Energy Return on

Investment，EROI）考虑的是净能源产出的相对效率。在传统的经济学中，能源的价格、产量和消费量只代表花费多少货币成本、生产了什么能源、消费了多少能源，并没有体现出为了生产和使用这些能源真正地付出了多少直接和间接能源成本，更无法体现出究竟有多少能源真正被经济社会所消耗。假设能源生产过程中的产出与投入相等，那么我们所能做的就是将化石能源从地下采出后全部投入下一次开采活动，而没有剩余产出支持其他的经济活动。据相关研究表明，人类发展指数（Human Development Index，HDI）相对较低的国家，其生产净能源的效率相对较低，即用较大的能源投入获得了较少的净能源供应。

举例来说，能源系统所需要的所有投入又可以称为能源支出（Energy Expenditure），这些支出都是经济社会为了获得净能源而必须付出的成本，是国家总体支出中的一部分。假设国家的总支出水平是确定的，这些支出主要集中在三个方面：一部分用于保障国民的衣食住行，这一部分是必不可少的；一部分用于生产能源，这一部分也是必不可少的；另一部分则用于科学、教育、医疗、艺术和娱乐等满足国民精神层面的需求，在一些极端情况下——净能源供应严重不足时，这一层面的需求不一定能够优先满足。如果总支出中能源支出的占比太大，则意味着能源生产过程中能源投入太多，必然导致其他相对不必要的支出减少，科研、教育、艺术等与吃饱穿暖相比属于非必需的产业将不会得到优先保障支出，科学技术、教育医疗的增长将不可避免地出现停滞甚至下降，进而形成负反馈循环，导致长期经济增长趋于停滞（图 1.2）。现有一些针对北美和欧洲国家的研究表明，当能源支出占总 GDP 的比例超过一定阈值时，经济发展将陷入滞胀。

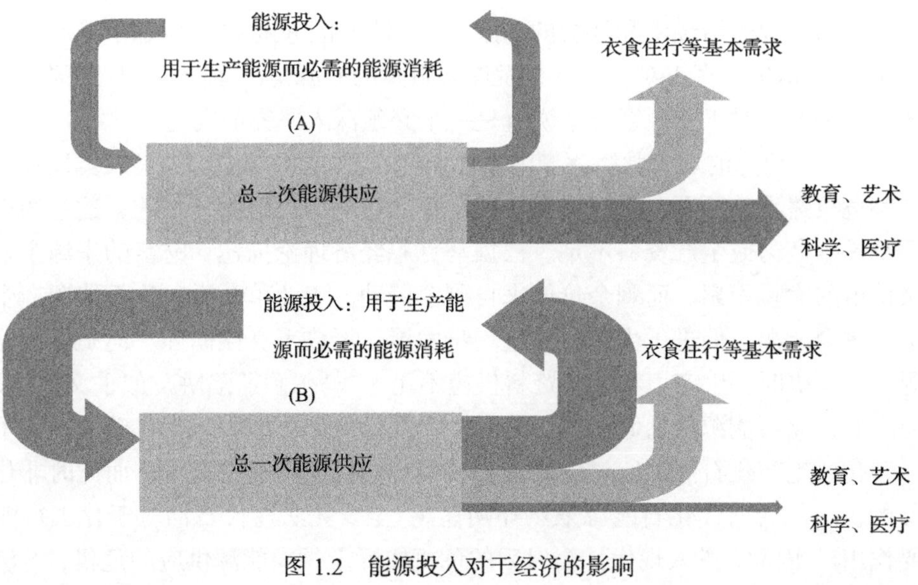

图 1.2 能源投入对于经济的影响

从经济社会发展周期来看，在《人口原理》出版后的200多年间，英国、西班牙等率先崛起的资本主义大国通过开拓殖民地、推进工业技术革命及开展对外贸易缓和了滞胀时期爆发的尖锐问题，对周期性危机进行了逆周期调节，对冲了“马尔萨斯陷阱”的影响，但这并不意味着人类不会重新陷入“马尔萨斯陷阱”的桎梏里。如果说工业革命以前的约束主要来自土地资源，那么工业革命以后对于增长的约束则以其他的形式开始出现。例如，《增长的极限》中所说的全球气候变化、化石能源危机导致整个系统达到“过冲”状态，随之而来的是长期动荡直至崩溃。虽然目前可以预见的约束有多种形式，但透过表面现象来看，这些约束的本质都可以追溯到资源(包括土地、环境等自然资源)危机。人类社会发展的本质就是物质生产的不断丰富，而物质生产的原材料是自然资源。当自然资源达到约束极限时，生产资料和发展动力出现缺位，物质的生产无法满足人类社会的发展需求，“马尔萨斯陷阱”又成了高悬的“达摩克利斯之剑”。

与一般论述中不同，这里要对资源危机做出一种新的解释。虽然资源枯竭也是资源危机的一种，但真正的资源危机并不专指资源储量消耗殆尽，因为从本质上来说能源资源不会枯竭，而只是无法承担该资源的生产和使用成本，即能源生产不能给经济社会供应净能源。自然资源生产过程中要消耗大量的能源，甚至有的产品生产需要的原材料就是化石能源，能源对于人类发展的重要作用不言而喻。而自然资源不是大自然免费的礼物，如果能源生产过程中消耗了过多的能源，那么整个能源系统给其他系统的净供给就会减少，其他系统不能维持正常的运转。假设能源系统生产一个单位量的能源产出需要极大的能源投入，那么对于整个系统来说，所能提供给经济和社会的剩余“可用”能源就很少。生态系统研究的先行者 Odum 指出，真正对人类社会发展有贡献的能源是“净能源”[5]。因此，能源的投入和产出对于能源系统来说就是一个必须深入研究的问题。

至此，本研究的理论脉络逐渐清晰了起来。“马尔萨斯陷阱”是人类发展历程中各种危机爆发的原因，而“陷阱”的出现是各种约束限制导致的，这些约束的本质都是生产力或生产资料不足。根据马克思经济理论描述，财富的来源主要是剩余价值的大量积累，而剩余价值来自剩余劳动。工业革命后，化石能源产生了大量的剩余能源，促进了生产力的进一步发展，形成了良性循环。但是，当化石能源出现危机时，生产力和生产资料供应不足，“马尔萨斯陷阱”似乎又将重现。目前来看，化石能源虽然储量相对充足，但是优质化石能源却正在消失，为了开采、转化、生产化石能源所付出的直接成本和间接成本正在增加。而此时非化石能源的供应能否取代化石能源依然扑朔迷离(至少无法取代石油对于化工行业的重要作用)。因此，进入现代社会以后的危机实际上是净能源供应的危机，经济社会无法承担化石能源生产和使用成本，导致无法供给社会足够的净能源。考虑到净能源才是真正推动社会进步的动力源，对中国净能源供应的相对效率和绝对总量的研究就具有现实意义。这主要体现在以下几个方面。

1. 经济系统可持续发展需要充足的净能源供给

传统能源经济学多从能源价格和供给两方面着手研究能源与经济的关系，容易忽视能源生产过程中能源投入的变化对于经济的影响，同时过分关注现金流从而忽视了能源生产的真正意义，为能源战略制定带来风险。净能源分析方法则主要从能源投入产出角度进行分析研究，从而在一定程度上避免了上述问题。

净能源分析的研究重点集中在绝对量和相对量上，即总量和效率两个方面。国外相关研究者采用 EROI 评价某种能源生产净能源的效率。EROI 表示能源产出与能源投入的比值，即为了获得 1 个单位量的能源产出所必须付出的能源投入。EROI 值越大，则意味着能用越少的能源投入获得越多的能源产出；反之亦反。Fizaine 和 Court 研究发现，当美国能源生产的 EROI 值小于 11∶1 时，过多的人力、物力和财力直接或间接地投入能源生产过程中，导致经济发展停滞(根据当年能源强度换算后，能源生产投入占当年 GDP 的 11%左右)[6]。这就意味着维持经济系统的稳定发展，需要能源系统的 EROI 保持在一定临界值之上，只有这样的能源系统才能提供充足的净能源。

2. 净能源产出下降导致化石能源的净能源供给乏力

相关研究表明，全球范围内化石能源开采阶段的 EROI 都呈现出下降趋势，而为了维持经济增长，经济社会对于净能源的需求不变甚至增加，这导致生产 1 个单位能源所需要的能源投入增加，净能源产出减少。此时不仅需要更大规模的能源产出，同时由于能源生产阶段投入增加而引发碳排放随之增长，最终导致化石能源总碳排放增加。斯坦福大学 Masnadi 和 Brandt 的研究成果显示，全球范围内石油资源的 EROI 下降带来的能源投入增加引起了石油生产阶段温室气体排放显著上升[7]。因此，在碳排放总量限制和化石能源 EROI 自然递减的情况下，中国化石能源的净能源产出供应更加乏力，中国对于能源结构转型的需求更为迫切。

对于化石能源来说，在生命周期后期由于受到储量自然递减等因素的影响，化石能源开采难度逐渐加大，由此引起的能源投入增加导致净能源供应能力逐渐下降，这对于依赖大量化石能源供给的中国能源系统来说会产生深远的影响。但是，目前对于中国化石能源的净能源供应潜力的相关研究相当有限，严重影响能源安全的保障和能源战略的制定。

3. 对中国非化石能源净能源产出潜力的研究尤其缺乏

非化石能源替代化石能源是能源结构转型的重点，但是新的能源系统必须产生足够的净能源盈余，这才是转型的真正意义所在，才能推动经济社会发展。考虑到技术水平、资源类型、使用方式等方面的因素，非化石能源与化石能源的EROI在时间维度上显示出不同的变化规律，并且在净能源分析方法和模型方面也不能通用；此外，目前对于中国非化石能源的净能源生产效率和净能源产出分析研究特别缺乏，导致评估中国非化石净能源资源量的研究仍是空白。目前中国是世界上一次能源消费量最大的国家，每年都需要大量的净能源产出供应到各经济部门，对非化石能源净能源分析的缺乏导致难以评价能源结构转型对于净能源供应的影响。

目前针对非化石能源净能源的研究中有三方面的研究较为缺乏：首先是对资源潜力的评价，其层级分类不明确，评估精度不高，与相关技术结合不紧密，导致非化石能源资源量可信度不高，分类参差不齐；其次是没有建立起符合中国国情的非化石能源资源评估模型，导致中国非化石能源的资源分布和资源量统计大小不一；最后，缺乏对非化石能源 EROI 的综述，导致对非化石能源的能源投入产出水平缺乏大致认识。因此，本研究在风能、太阳能和生物质能资源潜力的层级分类基础上，利用科学的方法进行高精度净能源资源潜力的评估及 EROI 水平的评估和研究综述，以期解决上述问题。

1.2　国内外研究现状

1.2.1　能源与经济的关系

1. 产量、消费量的角度

能源与经济的关系是一个重要且经典的话题，在利用数学方法研究经济增长的初期，如生产函数中的索洛模型，常常忽略了能源与经济之间的直接联系，这一假设在后来的研究中逐渐显示出片面性[7]。能源是工业发展和经济增长的重要投入要素，其重要性已在自然和社会科学研究中得到充分证实[8]。后来兴起的能源经济研究领域中，首先是从消费量角度出发考虑能源对于经济增长的作用。在这类研究中，一些开创性的研究主要针对建立能源消费量和经济增长之间的因果关系，这些研究大部分基于 Adams 和 Kraft 发表的两篇非常具有开创性意义的重要研究基础[9,10]。Kraft 首次使用 Sims 检验分析能源消耗与经济增长之间的关系，他发现在 1947～1974 年，美国的国民生产总值(Gross National Product，GNP)与能源消费之间存在单向因果关系[10]。但是，随后 Yu 和 Hwang 指出 GNP 与能源消费之间的因果关系只能通过美国1947～1979年的月度数据来发现，年度数据并不具有此关系[11]。Nachane等基于恩格尔-格兰杰检验方法，对11个发展中国家和5个发达国家的能源消费及经济增长的大量年度数据进行了研究，发现经济增长率确实与能源消费存在计量经济学上的协整关系[12]。Asafu-Adjaye发现在人口众多的印度和印度尼西亚，能源消耗和经济增长之间存在单向的因果关系；另外，虽然泰国和菲律宾的人口相对较少，但发展迅速，这两个国家的能源消耗和经济增长有双向的因果关系[13]。相关研究远不止上述这些文献，Florian将此类研究的结论归纳为四种类型：首先是从能源消费引起经济增长的单方向因果关系，其次是从经济增长带动能源消费增长的单方向因果关系，再次是能源消费与经济增长之间双向影响的反馈假设，最后是能源消费与经济增长无法确定有直接的联系，因此不存在计量学上的因果关系[6]。

然而，上述关于能源消费与经济增长的研究中，有一个潜在假设就是能源的使用是不用考虑成本和后果的，因此只需要分析表观数据与经济的关系就足以说明能源与经济的关系，当时的主流宏观经济理论已经接受了这种错误的假设。随后发生的大量事实不断证明能源并不是可以随意获取和消费的“免费礼物”[14,15]。自然资源总量是有限的，能源的使用是有成本和后果的，人类社会只能适当利用其中的一部分，化石能源和非化石能源无一例外。目前为止，传统的能源经济理论研究仅能较好地适用于能源供应相对丰富、能源生产成本相对较低的时期，这个时期获取能源不用过多地考虑能源的各种“成本”，包括经济投入成本、能源消耗成本及环境治理成本。当能源开采难度加大、技术发展水平缓慢、环境容量有限、可利用土地资源约束日益严重时，开采或者转化能源越来越困难，此时需要更多的直接和间接的投入，最终将导致供给经济使用的能源的减少[16]。

当意识到传统能源经济学把自然资源认为是随意享用的“免费礼物”这一错误假设之后，一些专家学者首先把有限的自然资源作为建模的前提假设。Hotelling提出了著名的可耗竭资源模型和资源耗竭率的概念，他认为目前来说，能源类产品生产成本过低导致其被快速、大量、低效、无节制地消耗，这给人类下一代的发展埋下巨大隐患[17]。系统理论的重要研究者德内拉·梅多斯等在其1972年出版的《增长的极限》一书中对人口、粮食、资源等全球性的基本问题进行了系统研究，将化石能源的资源有限性作为内涵假设嵌入系统动力学模型中，从而得出了人类应该合理利用有限的化石能源以实现可持续发展的结论[18]。化石能源峰值理论的开创者Hubbert采用图形化与线性规划相结合的方法建立了美国48个州的石油产量预测曲线，随后提出了石油峰值的概念。Hubbert用一个左右对称的“钟形曲线”代表美国的石油产量随着时间的推移而呈现先上升后下降的趋势，直到累计产量接近最终可采储量时石油产量才降为零[7]。基于上述理论，其他研究者将这一理论扩展到化石能源峰值并且提出多循环非对称模型更好地贴近现实中产量趋势变化情况[19,20]。

Hubbert 认为单纯地将能源产量与经济增长联系在一起是没有意义的，所以其只预测了化石能源的产量，而没有分析其对经济的影响。对于此 Hubbert 解释道，以 GNP 为代表的经济指标只是一个货币记账单位，它只遵守金钱的法则，可以扩大或缩小，可以创造或毁灭，所以它不遵守物理定律[21]。其言外之意是能源生产受自然因素制约，货币只受到人为因素制约，能源产量与货币流动之间没有必然联系。美国著名的生态学研究者 Odum 却持相反观点[22]，他解释道，能源是经济价值的源泉，这意味着只要经济中存在美元流动，就需要相反方向的能源流动[23]。按照 Odum 的假设，GNP 的增加导致经济对更多的商品和服务的需求，最终消耗更多的能源。Nel 和 Cooper 利用净能源型生产函数和线性规划的方式对化石能源产量变化曲线与经济增长进行关联研究。其研究结果显示，在全球范围内化石能源产量达到峰值后，其开采难度随着产量的下降而快速上升，由此导致的能源生产成本快速上升引起净能源产出下降，最终影响经济增长[8]；当考虑能源供应的长期结构性短缺时，能源生产成本的快速上升就成为制约经济增长的重要因素之一。

2. 能源价格的角度

早期从能源价格的角度研究能源与宏观经济增长关系主要以研究油价为主，后期逐步扩展到天然气、煤炭价格及电力价格方面[24]。自第一次石油危机爆发、全球经济衰退以来，能源价格与宏观经济之间的关系一直都是能源经济领域的研究热点。Hamilton 是第二次世界大战后，研究能源价格与经济增长关系的先驱。Hamilton 的研究显示，自第二次世界大战以来，除了其中一次经济衰退之外，美国所有的衰退都发生在原油价格大幅上涨之后，通常滞后时间为九个月左右；有证据进一步显示，即使在 1948～1972 年期间，这种能源价格激增与经济衰退在统计学上的相关性也是非常显著的[25]，这支持了 1972 年石油危机的冲击是造成美国经济衰退的重要影响因素之一。从那时起，更多优秀的研究人员利用更复杂的方法评价能源价格与经济增长的关系。Kerschner 等的研究也得出了与 Hamilton 类似的结论：石油短缺会导致价格上涨，进而影响经济增长[26]。Lutz 等指出，由于全球能源经济系统对于石油需求价格缺乏弹性，石油供应短缺导致石油价格急剧上涨，对 GDP 的影响相当于全球金融危机的严重程度[27]。此外，Lutz 的研究结果进一步显示，从国家层面来说，石油出口国受益于高油价引起宏观经济增长，而石油进口国则受制于高油价而引起宏观经济衰退，如化石能源的大量消费和生产对于伊朗的经济增长有积极的正向促进作用。Cashin 等基于全球油价波动全局向量自回归(Global Vector Autoregressive，GVAR)模型进行研究，发现在 1979～

2011年间油价波动对石油进口国和出口国的影响是不同的。在供给驱动下，石油短缺对出口国有利，对进口国不利；在需求驱动下，石油短缺对进口国不利；当受到需求驱动时，绝大多数国家会面临长期通胀、利率上升和股价下跌的风险[28]。但是，Kilian和Vigfusson的研究结果显示，没有证据表明石油价格冲击与经济增长的影响是对称的，这意味着早期利用油价预测实际经济增长率的方法不是有效的，其预测关系是非线性的[29]。An得出了相反的研究结果，油价上涨的负面影响大于油价下跌的正面影响，当油价冲击较大时，不对称效应更为明显[30]。综上所述，高油价和低油价与宏观经济的关系是不相同的，并且这种关系在不同的国家也可能不同[31]。

3. 生态物理经济学的角度

除了关于能源价格、消费量和产量的观点外，还有一个从能源品质和生产过程中能源投入与能源产出之间关系来分析的观点。这类观点的基本假设和理论均来自生态物理经济学(Biophysical Economics)。生态物理经济学的特点是使用生物、物理和化学等学科的基本原理分析能源生产投入与产出的变化及其对于经济的影响。研究生态物理经济学的学者们认为人类活动的动力源是能源，而一切能源都来自自然界并遵守自然界中的规律和秩序，因此人类社会的经济活动建立在以生物、物理及热力学为主的“自然秩序”基础之上，人类社会主观非理性规律无法与其对抗，只能在对其的适应中实现可持续发展[20]。

生态物理经济学中的“自然秩序”思想起源可以追溯到18世纪流行于法国凡尔赛宫的重农学派(Physiocrats)，与自然科学意义相近。重农学派是18世纪50～70年代法国资产阶级古典经济学派，当时法国先后实行牺牲农业生产以发展工商业的重商主义政策，使农业生产遭到破坏而陷入困境，国家财政枯竭，经济问题极为严重。于是在18世纪欧洲启蒙思想的影响下，法国上下出现了反对重商主义，主张重新重视农业生产和自然资源利用的重农主义经济学说。重农学派的首要基础理论就是“自然秩序论”(Natural Law)，即不依赖于人类主观意愿的客观自然规律。重农学派认为一切经济财富都是自然资源创造的“净产品”，尤其是肥沃的土地上发达的农业生产力，而商业只是“净产品”的流通部门，只有农业才是财富的创造部门[32]。农业生产极度依赖“自然秩序”，魁奈(Quesnay)(该学派的开创者和发扬者)认为，与一般的“社会秩序”不同的是，“自然秩序”并不是由人类主观上所能决定的。同时，魁奈认为“自然秩序”是独立于人类的自由意志而存在的，但是人类可以去主观发现和适应。由于人类文明起源于自然，自然资源的利用推动人类社会不断进步，因此如果能准确地理解“自然秩序”中蕴含的“合适的”经济行为，社会福利就会最大化。

“自然秩序”思想是重农主义体系的哲学理论基础，一般的经济史学和欧洲思想史的研究都认为“自然秩序”思想是土生土长的完全诞生于西方自然科学启蒙思想下的产物，但是也有相当一部分学者研究证实其思想起源借鉴了很多中国古代哲学。中国古人早在先秦时期就对自然活动规律与农业经济发展的关系有了很深刻的认识，如通过长期的耕作实践活动总结得出的二十四节气引导农业生产活动。谈敏教授的研究成果显示，法国重农学派的代表人物魁奈提出的“自然秩序”理论思想，与诞生于中国古代春秋战国时期的道家学说有着很深的渊源[33]：魁奈编写《经济表》(*Tableau Economique*)时正处于道家思想和《周易》及其八卦图传入西方的风行时期，“自然秩序”的法语 physiocratie 原文指“自然的统治”，这与老子思想体系中“道法自然”有异曲同工之处。这一方面是由于在那一时期“欧洲学者均倾心中国文化”，魁奈本人素以中国文化为尚，曾享有“欧洲的孔子”称号；另一方面以重农学派为代表的理论界在欧洲传统文化没有适应时代变化的情况下采取了普遍的借鉴批判态度[34]，希望能够从《周易》等中国古代典籍中证明这些东方经典中同样包含着“自然秩序”的启示。虽然重农主义在当时有许多局限性，但它系统论述了自然规律与经济社会的关系，分析了采掘自然资源部门的生产力对于经济发展的贡献，而且还提出了生产“剩余”与经济发展的关系，特别是提出了农业生产中刨除消耗的农产品后“剩余净产品”的概念，这直接启发了“净能源”思想的诞生。

虽然重农主义学派在欧洲仅有几十年的兴盛(1750～1770 年)历史，但这已经足够启发当时的化学、物理、社会、经济学家们认真思考如何看待自然资源，尤其是化石能源。当时的许多科学家们普遍意识到，那些遵循自然规律的自然资源对经济发展有着巨大的影响。19 世纪，Carnot 和 Clausius 将热力学中基本定律正式确定之后[35,36]，有许多研究者发现其理论具有一定的哲学意味并将其应用于能源与经济的研究中，同时吸收了法国重农学派中关于“自然秩序”大讨论中的正确理论，逐渐形成了生态物理经济学流派。Cleveland 在他的研究中称 Carnot 的蒸汽循环实验不仅揭示了热力学第二定律，更是通过这个热力学定律揭示了能源对于经济的本质作用，即经济从化石能源的一系列热力学转换中可以得到多少“有用功”[20]。Podolinsky 通过生物物理分析得出结论：经济增长始终受到热力学、物理学和生态学等基本自然定律的约束[37]。Podolinsky 的这项研究成果如今被广泛应用于生态物理经济学的分析中，如用于分析能源生产过程最终产生的“有用功”(或称为能源盈余)[38-40]的大量消费作为劳动力不足时的补充或替代，以用于最终提高经济系统的生产力。诺贝尔化学奖获得者 Soddy 根据热力学定律分析经济系统运转，进一步得出重要启示：由于维持人类生命及社会活动的全部能量来自自然，而自然中无生命的能量则遵循着基本的生物、物理原理，因此经济系统必须将生物物理学中的基本定律作为第一原则[41]。基于该研究成果，Soddy 认为银行等金融机构过多地凭空创造债务会引发危机，因为债务是一个纯粹的不遵守自然规律的数字，如果没有物质基础作为自然财富起支撑作用，那么过多债务可能会超过自然财富，最终导致银行系统崩溃[42]。Lotka 提出人类在进化过程中始终追求自然资源的最有效利用，这个过程无意识地遵循自然规律，只有那些懂得最有效利用自然资源的生物种群数量才能得以繁衍[43]。Lotka 将上述人类进化假设与达尔文的进化论相结合，从对健康的树木拥有发达的根系这一现象得出最大化能源理论(Maximum Power Principle，MMP)：在能源转化利用过程中，将其中的“有用功”最大化是自然选择的标准之一[44]。

自 20 世纪 50 年代以来，关于生态物理经济学的研究更多的关注“能源品质”(Energy Quality)与经济增长之间的关系。关于能源品质的定义，Cottrell 和 Bierstedt 首先强调品质高的能源可以更有效地补充劳动力和提高劳动生产率；另外，能源品质高则代表着经济社会能从该能源生产中得到丰富的“剩余能源”或“能源盈余”，即能源生产过程中能源产出与能源投入之间的差值[45]。1971 年，Odum 正式给出了能源品质的基本定义：每生产一单位有效能源，所需要投入的“单位能源热当量”，换言之就是以能源热当量为单位的能源产出与能源投入之比[39]。Costanza 进一步用“隐含能源”的概念量化表示“单位能源热当量”，即能源生产过程中直接投入的能源(油、气、煤和电)和间接投入的隐含能源(资本、设备和劳动力)[46]。

从能源品质的定义中可以看出，并不是所有能源系统生产的能源都能够供给到终端用户并且为经济系统所使用，其中有一部分能源在能源生产过程中被消耗。Campbell 和 Laherrère 认为对于能源的评价不仅应该关注能源的价格、产量和消费量，更应关注作为能源生产过程中必不可少的能源投入，以及扣除这部分能源投入后剩余的“能源盈余”对于经济系统的影响[47]。1981 年，Hall 和 Cleveland 首次提出 EROI 分析方法来分析评价用于投入能源生产中的能源所能获得的能源回报，这些回报的能源被用于支撑经济和社会发展。EROI 被认为是能源品质的衡量标准，主要用于评价能源生产过程中获得“剩余能源”“能源盈余”的效率，这些“剩余能源”也称为“净能源”。Hall 和 Cleveland 研究发现，由于能源生产过程中开采难度越来越大，能源投入快速增加，导致美国石油工业的“剩余能源”递减，从 20 世纪 30 年代投入的 1kcal 能源获得的 100kcal 能源回报，下降到 1980 年投入 1kcal 能源仅能获得的 10～20kcal 的能源回报[48]。

从生态物理经济学的角度来看，价格、产量和消费量只是代表着经济社会花费了多少货币、消费了什么能源、消费了多少能源[49]，并没有直观地显示出为了生产和使用这些能源付出了多少真正的能源成本，更没有分析出能源经过一系列生产活动后，经济社会真正得到了多少能源。由此来看，传统的能源经济学中对于能源价格、产量和消费量的研究只是分析了能源与经济关系的一方面，当能源生产所需要的投入越来越大时，净能源对于经济的影响将逐渐显现。

近年来，由于全球范围内能源在开采、加工和转化过程中的各种成本交替上升，一般的能源经济理论难以解释一些新发生的现象。在这种情况下，从能源投入和产出的角度出发研究能源与经济逐渐发展起来。Murphy 等发现当能源价格上涨时，资本会大量流向能源生产，推高能源价格以获取利润，导致能源生产消耗过多间接能源，经济失去活力，最终发生债务泡沫危机[50]。Murphy 的导师 Hall 研究发现，当能源价格上升时，由于能源弹性的缺乏，GDP 中能源支出随之增加，如 1970～2007 年，美国石油支出占 GDP 5.5%以上时 GDP 增长出现了滞涨[51]。Lambert 等发现自第一次石油危机以来至 2014 年，美国的总能源支出占 GDP 的比例超过 10%以上时经济就会出现衰退[52]。Feng 等也针对中国能源生产过程中的 EROI 进行了研究，发现 1987 年时，中国能源生产全产业链的能源投入仅占整个能源产出的很小一部分，但是到 2012 年时则上升至 30%左右，并且预测如果继续维持化石能源为主导的能源消费结构，由于 EROI 递减导致能源投入增加，最终经济增长速度要低于一些机构的预期[53]。Fizaine 和 Court 对 1960～2010 年期间三大变量(资本形成、人口和失业率)进行计量数据分析，发现美国经济承受不起占 GDP 比例超过 11%的能源生产成本，考虑当前美国经济的能源强度，这就意味着美国国家 EROI 的最低值为 11∶1[6]。Carey 通过对美国的研究发现，在能源生产过程中的能源投入与滞后一年的 GDP 和全要素生产率有着极强的负相关关系[54]。Bashmakov 研究发现，在保证经济增长的前提下，美国和经济合作与发展组织(Organization for Economic Co-operation and Development，OECD)的能源支出占 GDP 比例最大分别为 8%～10%和 9%～11%。如果追溯到消费者个体这一比例会更小：美国缩小到 4%～5%，OECD 缩小至 4.5%～5.5%[55]。Bashmakov 进一步总结道：长期来看，能源支出占总 GDP 的比例如钟摆摆动一样最终会回到均衡状态，当能源支出占 GDP 比例超过阈值时，经济活动由于缺少足够的“可用能”供应而放缓，此时能源需求放缓或下降，能源支出随机下降，直到该比例回到可持续范围。

1.2.2 化石能源的净能源分析文献综述

1984 年 Cleveland 等首次提出了 EROI 定义：EROI 是指开采出来的总能量与为开采而消耗的能量之比，其中包括直接消耗和间接消耗；同时提出能源的 EROI 必须高于 1∶1 才能有净能源产出，这样的能源才有意义；较高 EROI 的能源相较于较低 EROI 能源而言，对经济系统有更大的作用[23]。Cleveland 首先采用 EROI 方法计算得出美国常规天然气在开采阶段，EROI 值由 1970 年的 100∶1 降至 2004 年的 20∶1。一大批北美地区的能源经济研究者紧随其后，对 EROI 的概念和思想进行了探讨和实际应用，并认为 EROI 是衡量能源品质极好的方法之一。

目前，关于 EROI 的研究主要集中于常规化石能源，研究对象主要分布在北美和欧洲地区，研究发现化石能源的 EROI 变化趋势随着时间的推移呈现一定的规律性。例如，Leena 等研究发现随着石油的开采难度逐渐增加，需要投入的设备和资源也增加，此时油田开采阶段的 EROI 不再上升，甚至开始下降[56]。同时，大量的研究发现全球范围内石油和天然气的 EROI 已经进入下降区间。由一些国外研究者的文献统计可以看出石油和天然气的 EROI 从 1930 年的 100∶1 降低到了 1990 年的 30∶1，并且最终降到了 2011 年的 20∶1[57]，更有甚者已经降到了 10∶1 和 15∶1[58,59]。Gagnon 等也采用相同的计算方法计算了全球范围内常规石油、天然气在开采阶段的 EROI 值，2006 年得出的结论为全球范围内化石能源的平均 EROI 为 18∶1[60]。Megan 等计算了美国常规石油和天然气开采阶段的 EROI 值，其计算结果显示美国常规天然气 EROI 由 2000 年时的 15∶1 降至 2010 年的 10∶1[61]。Lambert 等对全球油气的 EROI 进行了测算，测算结果为 1992 年时全球油气的 EROI 大约是 23∶1，在 1999 年时上升到 33∶1，而到 2006 年时下降到 18∶1[62]。

与石油和天然气相比，煤炭是一种使用弹性相对较小的化石能源，其 EROI 也相对比较稳定。煤炭在使用方式上与油和天然气不同，其主要用于发电而不能直接供应汽车等高效率的移动内燃机使用，并且煤炭的使用伴随着很强的环境负外部性。虽然目前煤炭的 EROI 值普遍位于 20∶1～80∶1，但如果考虑到环境污染后治理所需的投入后会有很大影响[63]。Court 和 Fizaine 在对全球煤炭资源的资源进行测算时，得到的结论：1800～2011 年，煤炭的 EROI 一直处于总体平稳但略有下降的状态，与此同时全球石油和天然气的 EROI 峰值也已经过去[64]。Kong 等对煤制油项目的 EROI 进行测算，得出的结果为没有副产品的 EROI 是 0.68∶1～0.81∶1，没有考虑副产品和间接能源消耗的 EROI 是 3.7∶1～5.5∶1，考虑副产品和间接能源消耗的 EROI 是 0.76∶1～0.90∶1，有副产品但是没有间接能源消耗的 EROI 是 4.13∶1～6.14∶1，结果表明煤制油的净能源产出比例很小，甚至是负的[65]。

除此之外，由于近年来非常规页岩油气的崛起，EROI 和净能源的研究也拓展到了非常规页岩油气方面。相比较而言，国内这方面的研究极为匮乏，相关研究主要以北美和欧洲为主。图 1.3 统计了国内外关于常规和非常规化石能源 EROI 的主要研究结果，以便对比分析[59, 66-75]。从图 1.3 中可以看出，不论是国内还是国外，常规化石能源 EROI 相比而言普遍没有非常规页岩油气高。另外，EROI 的下降也导致化石能源生产阶段需要更多的能源投入，引起能源生产阶段的大量碳排放。Masnadi 和 Brandt 的研究成果显示，全球范围内石油资源的品质下降不仅导致 EROI 下降，同时还伴随着温室气体排放上升，上升的主要原因是能源生产阶段能源投入的快速增加导致排放增加，其中中国每生产 1MJ(兆焦)的石油需要排放 8.4g 当量 CO_2[7]。

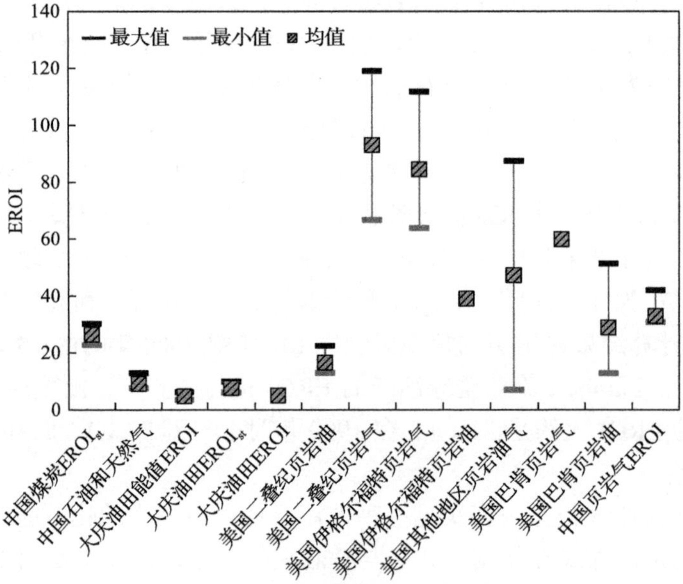

图 1.3　化石能源标准 EROI 对比

$EROI_{st}$表示标准 EROI

1.2.3　非化石能源的净能源分析文献综述

Moriarty 和 Honnery 将非化石能源分为三个层次，从下到上依次为表观一次能源、净能源和绿色净能源，这几个层次中的净能源占比逐层递增[72]。Moriarty 认为化石能源由于受到气候变化的约束，需要投入更多的能源用于治理负外部性带来的污染，未来已经不能作为可持续发展的主要能源；但是，以风能、太阳能和生物质能为主的非化石能源依然无法供应大量净能源，因此对于非化石能源的净能源潜力评估是判断未来净能源供应能力的关键要素。而非化石能源对于化石能源的替代，除了净能源潜力要充足之外，还要有较高的 EROI。Dupont 等的相关研究显示，新能源只有在 EROI 平均值大于 12∶1 时才能够具备与正在使用的能源自发竞争的可能性[76]。目前利用净能源分析的方法评价非化石能源 EROI 和净能源产出的研究都集中于北美、欧洲或全球区域，并没有专门针对中国的研究。本研究针对现有的风能、太阳能和生物质能 EROI 的研究结果综述如下。

1. 风能 EROI 综述

本研究统计了近期 12 个风能 EROI 研究结果，这些数据中的计算结果代表了不同研究角度和方法，例如，Kubiszewski 和 Cleveland 对 119 个风力发电机研究后发现，这些风机的 EROI 平均值为 20∶1。Allen 对城市中应用的分布式风力发电 EROI 进行了计算，计算结果显示最大值与最小值相差 42，最终计算结果的平均值是 24∶1。Walmsley 等以 20 年生命周期的风力发电项目为对象，研究了新西兰的风能 EROI，发现新西兰风能 EROI 为 6.5∶1～57.7∶1，平均值为 34.3∶1[77]。Dupont 对全球风能资源的 EROI 做了初步测算，发现全球 EROI 大于 12∶1 的陆上风力发电净能源供应潜力为 11.7 亿 toe/a，而仅欧洲 28 个国家 2014 年能源消费量就达到了 10.6 亿 toe/a，这个结果说明风能的净能源潜力是不足的，这样的结果与大部分不考虑净能源的资源潜力评估大相径庭。

除了 EROI 计算结果之外，本书进一步总结了近年来全球范围内陆上风力发电机组 EROI 的变化趋势。根据 Kubiszewski 等和 Dale 等的结论，虽然大部分研究对象所在区域和风速分布不尽相同，但其风力发电的 EROI 平均值趋势显示出风力发电的 EROI 随着风机额定功率的增加呈现出增加的趋势[78,79]（表示时间与 EROI 的关系见图 1.4，表示 EROI 分布见图 1.5）。风机的额定功率在一定程度上代表了风机制造的技术水平。随着时间的推移，风机制造的技术水平不断进步，

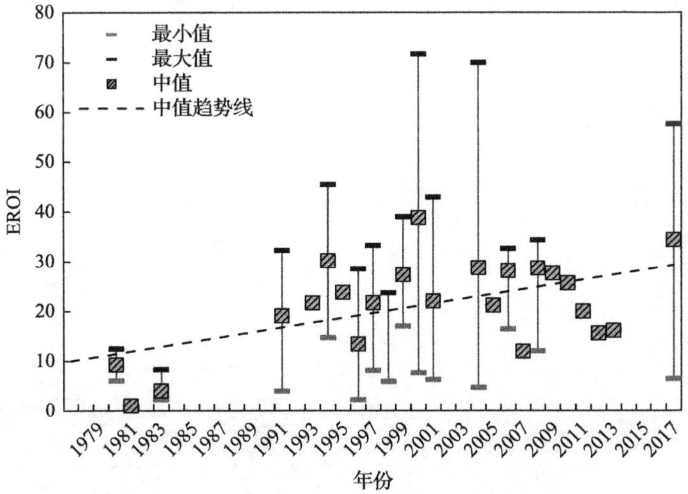

图 1.4　风力发电 EROI 综述（以时间为单位）

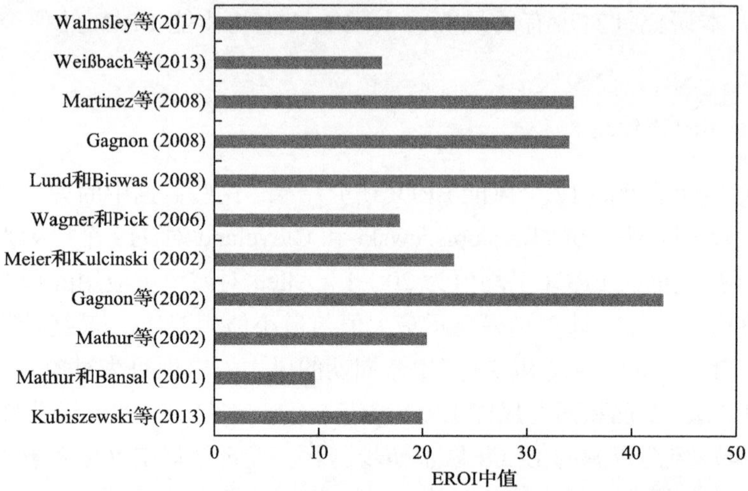

图 1.5　风力发电 EROI 综述(以作者为单位)[77-91]

风力发电 EROI 也随之增长，这符合非化石能源 EROI 随技术进步而增长的理论假设。

2. 太阳能 EROI 综述

太阳能资源利用方式分为三大类：太阳能制热、光伏发电(PhotoVoltaic，PV)和太阳能热能转换(STEC)，本书主要研究适合大规模集中式利用的光伏发电技术。通过参考 40 多个关于光伏发电的相关研究，以判断光伏发电 EROI 所在区间及其变化趋势[63,80-123]。以时间为单位表示 EROI 与时间的关系，如图 1.6 所示；以技术类型为单位表示 EROI 与技术类型的关系，如图 1.7 所示。

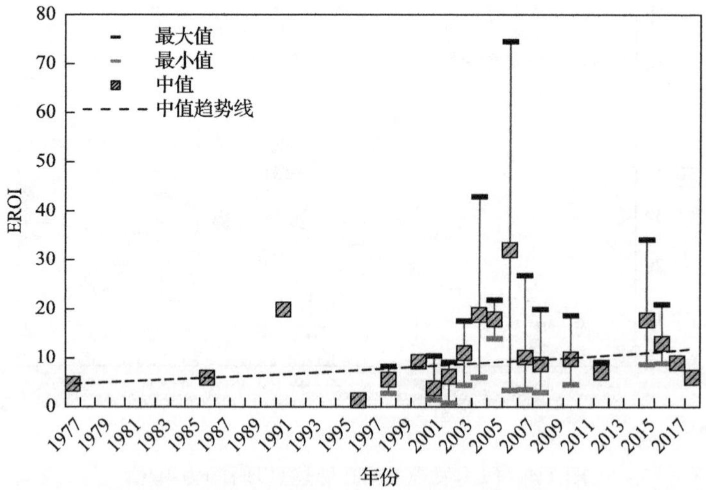

图 1.6　光伏发电 EROI 综述(以时间为单位)

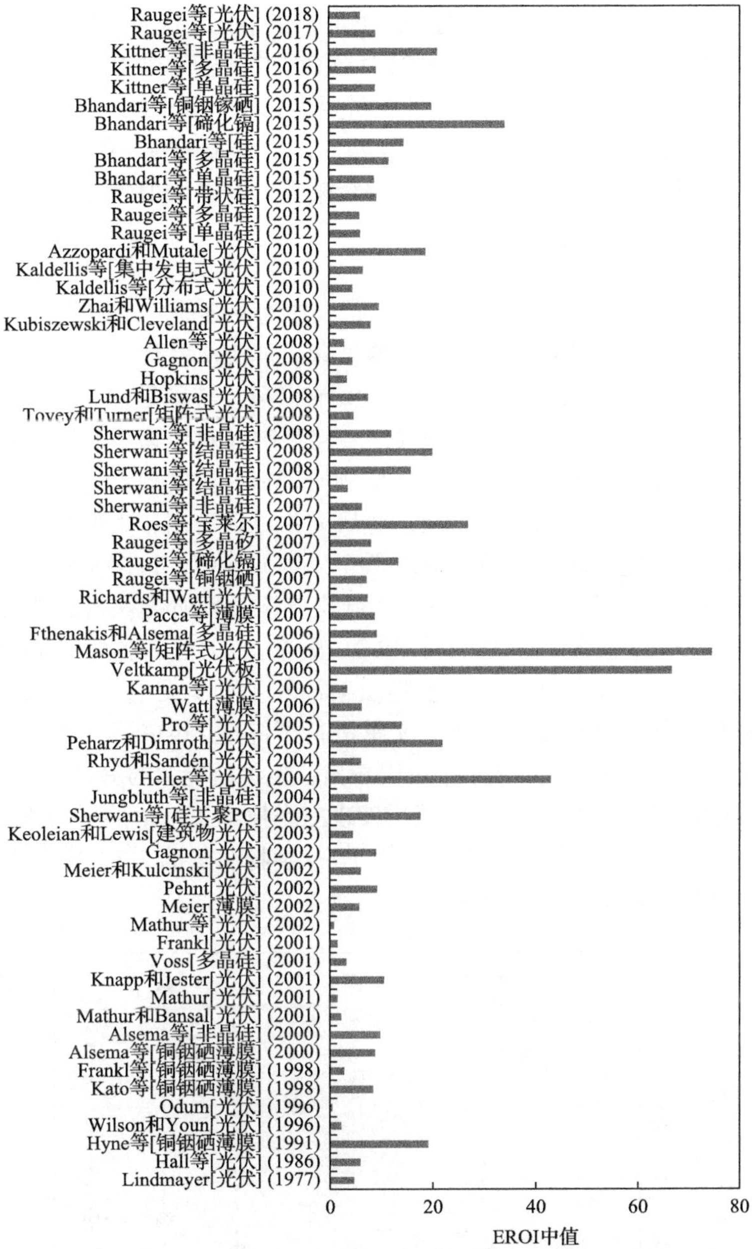

图 1.7 光伏发电 EROI 综述(以技术类型为单位)[63,80-123]

从图 1.6 中可以看出，自 2000 年以来，对光伏发电技术的相关研究数量显著增加，同时相应光伏发电技术的 EROI 也随着时间的推移而增加。由此可以看出，对于非化石能源来说，由于不存在产出自然递减的影响，技术进步使 EROI 随着时间推移而增加。另外还可以发现，集中式光伏发电的 EROI 普遍高于分布式光伏发电的 EROI，这主要是因为在相同的产出下，集中式光伏发电所需要的能源投入相对较少。这些研究中光伏发电的 EROI 估计值有三个低于 1∶1，这意味着这三个项目生命周期内消耗的能量比其产出的能量要多，对于经济系统来说不能提供净能源产出；最大的光伏发电 EROI 估计值为 74.6∶1，这意味着一些光伏发电的 EROI 已经达到了相当高的水平。将所有研究综合来看，其平均值为 18.1∶1。

3. 生物质能 EROI 综述

生物质能是人类最早利用的能源，早期仅作为薪柴而用于燃烧。但随着石油、煤炭和天然气大规模的使用，生物质能源被化石能源所替代。自 20 世纪 80 年代末以来，人们对生物能源又重新燃起了极大的兴趣，特别是作为一种可发电能源来替代高排放的煤炭方面。这种兴趣最终直接反映在对生物质能源 EROI 的研究数量上。这些研究大体上可以分为固体生物质燃料、生物质乙醇、生物质柴油和生物质发电(包括与煤一起燃烧)。从这些研究中可以看出，大部分固体生物质燃料、生物质乙醇、生物质柴油的 EROI 低于生物质发电，许多生物质柴油及一些生物质乙醇的生产过程 EROI＜1∶1，这意味着该过程所能获得的能源产出小于该过程的能源投入，即便有个别项目 EROI 极高，也无法对整体趋势产生大的影响。本书中主要研究生物质乙醇、生物质柴油和生物质发电的 EROI，因此只对这三类生物质利用技术的 EROI 研究文献进行了综述，共总结了 23 篇相关文献。从按照时间序列排序的 EROI 结果中可以看出，生物质能源的 EROI 随着时间而呈现增长趋势(图 1.8)。按技术类型综述后发现三类技术 EROI 的平均值为：生物质发电 13.4∶1[83,123-129]，生物质乙醇 2∶1[129-137]，生物质柴油 2.7∶1[138-143](图 1.9)，所有生物质利用技术 EROI 平均为 7.6∶1。

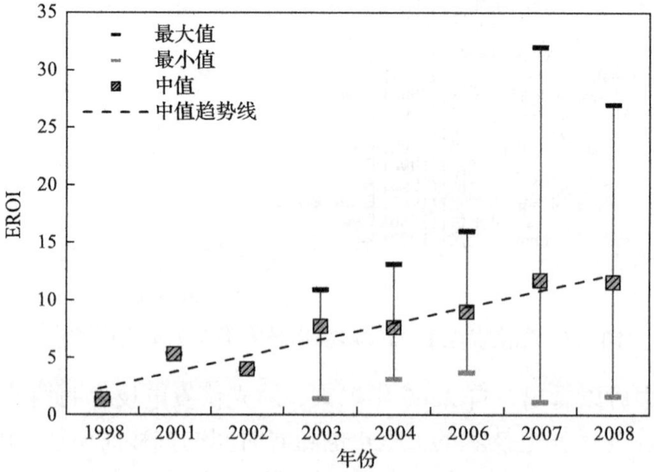

图 1.8　生物质能源 EROI 综述(以时间单位)

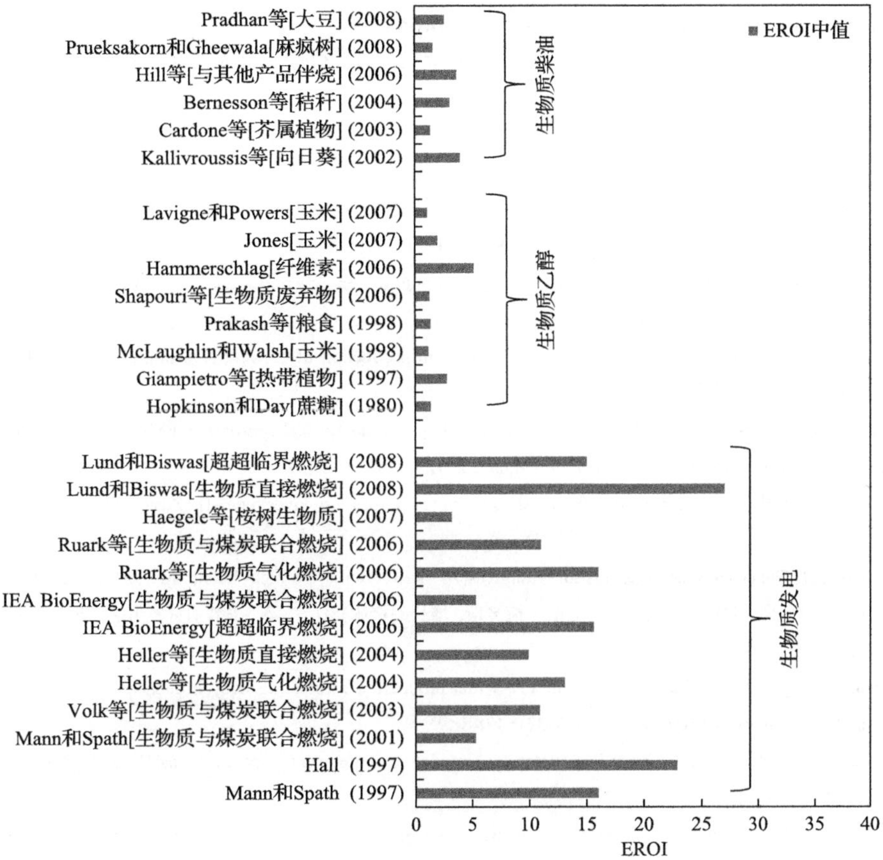

图 1.9 生物质能源 EROI 结果统计(以技术类型为单位)[82,123-143]

参 考 文 献

[1] 周志太. 外国经济学说史[M]. 合肥: 中国科学技术大学出版社, 2009.

[2] Turchin P, Nefedov S A. Secular Cycles[M]. Princeton: Princeton University Press, 2009.

[3] 修昔底德. 伯罗奔尼撒战争史[M]. 徐松岩, 黄贤全, 译. 桂林: 广西师范大学出版社, 2004.

[4] 卡尔 · 马克思. 资本论: 第一卷[M]. 北京: 人民出版社, 2013.

[5] Odum H T. Energy, ecology, and economics[J]. Ambio, 1973, 2(6): 220-227.

[6] Fizaine F, Court V. Energy expenditure, economic growth, and the minimum EROI of society[J]. Energy Policy, 2016(95): 172-186.

[7] Masnadi M S, Brandt A R. Climate impacts of oil extraction increase significantly with oilfield age[J]. Nature Climate Change, 2017(7): 551-556.

[8] Nel W P, Cooper C J. Implications of fossil fuel constraints on economic growth and global warming[J]. Energ Policy 2009(37): 166-180.

[9] Adams F G, Miovic P. On relative fuel efficiency and the output elasticity of energy consumption in Western

Europe[J]. Journal of Industrial Economics, 1968, 17(1): 41-56.

[10] Kraft J, Kraft A. Relationship between energy and GNP[J]. Journal of Energy Finance & Development, 1978, 2(2): 401-403.

[11] Yu E S H, Hwang B K. The relationship between energy and GNP: Further results[J]. Energy Economics, 1984, 6(3): 186-190.

[12] Nachane D M, Nadkarni R M, Karnik A V. Co-integration and causality testing of the energy-GDP relationship: A cross-country study[J]. Applied Economics, 1988, 20(11): 1511-1531.

[13] Asafu-Adjaye J. The relationship between energy consumption, energy prices and economic growth: Time series evidence from Asian developing countries[J]. Energy Economics, 2000, 22(6): 615-625.

[14] Dale M, Krumdieck S, Bodger P. Net energy yield from production of conventional oil[J]. Energy Policy, 2011, 39(11): 7095-7102.

[15] Dale M, Krumdieck S, Bodger P. Global energy modelling—A biophysical approach (GEMBA) part 1: An overview of biophysical economics[J]. Ecological Economics, 2012, 73(1): 152-157.

[16] King C W, Hall C A S. Relating financial and energy return on investment[J]. Sustainability, 2011, 3(10): 1810-1832.

[17] Hotelling H. The economics of exhaustible resources[J]. The Journal of Political Economy, 1931, 39(2): 37-175.

[18] 德内拉·梅多斯, 乔根·兰德斯, 丹尼斯·梅多斯. 增长的极限[M]. 李涛, 王智勇译. 北京: 机械工业出版社, 2003.

[19] Wang J, Feng L. Curve-fitting models for fossil fuel production forecasting: Key influence factors[J]. Journal of Natural Gas Science & Engineering, 2016(32): 138-149.

[20] Cleveland C J. Biophysical economics: Historical perspective and current research trends[J]. Ecological Modelling, 1987, 38(1): 47-73.

[21] Hubbert M K. Banquet speech man's conquest of energy, its ecological and human consequences[J]. IEEE Transactions on Nuclear Science, 1971, 18(4): 18-35.

[22] Dytham C, Hall C A S, Day J W. Ecosystem modeling in theory and practice: An introduction with case histories[J]. Journal of Animal Ecology, 1992, 61(1): 234.

[23] Cleveland C J, Costanza R, Hall C A S. Energy and the U.S. economy: A biophysical perspective[J]. Science, 1984, 225(4665): 890-897.

[24] Shi X, Sun S. Energy price, regulatory price distortion and economic growth: A case study of China[J]. Energy Economics, 2017(63): 261-271.

[25] Hamilton J D. Oil and the macroeconomy since World War II[J]. Journal of Political Economy, 1983, 91(2): 228-248.

[26] Kerschner C, Prell C, Feng K. Economic vulnerability to peak oil[J]. Global Environmental Change, 2013, 23(6): 1424-1433.

[27] Lutz C, Lehr U, Wiebe K S. Economic effects of peak oil[J]. Energy Policy, 2012, 48(3): 829-834.

[28] Cashin P, Mohaddes K, Raissi M. The differential effects of oil demand and supply shocks on the global economy[J]. Energy Economics, 2014, 44: 113-134.

[29] Kilian L, Vigfusson R J. Do oil prices help forecast U.S. real GDP? The role of nonlinearities and asymmetries[J]. Journal of Business & Economic Statistics, 2013, 31(1): 78-93.

[30] An L, Jin X Z, Ren X M. Are the macroeconomic effects of oil price shock symmetric? A factor-augmented vector

autoregressive approach[J]. Energy Economics, 2014(45): 217-228.

[31] Ahmad N, Du L. Effects of energy production and CO_2 emissions on economic growth in Iran: ARDL approach[J]. Energy, 2017, 123(15): 521-537.

[32] 晏智杰. 魁奈《经济表》及著作选[M]. 北京: 华夏出版社, 2006.

[33] 谈敏. 法国重农学派学说的中国渊源[M]. 上海: 上海人民出版社, 1992.

[34] 谈敏. 《经济表》与《周易》[J]. 周易研究, 1991, 9(3): 21-31.

[35] Carnot S. Reflections on the motive power of heat and on machines fitted to develop that power[J]. Science, 1890, 16(390): 52-53.

[36] Daniel K, Clark C E. The mechanical theory of heat[J]. Journal of the Franklin Institute, 1860, 70(3): 163-169.

[37] Podolinsky S. Socialism and the unity of physical forces[J]. Organization & Environment, 2004, 17(1): 61-75.

[38] Cottrell W F. Energy and Society: The Relationship Between Energy, Social Change, and Economic Development[M]. New York: McGraw-Hill Companies, 1955.

[39] Odum H T. Environment, Power, and Society[M]. New York: Wiley-Interscience, 1971.

[40] Hall C A S, Cleveland C J, Kaufmann R. Energy and Resource Quality: The Ecology of the Economic Process[M]. New York: Wiley-Interscience, 1986.

[41] Soddy F. Cartesian Economics[M]. London: Hendersons, 1922.

[42] Soddy F. Wealth, virtual wealth and debt[J]. American Journal of Sociology, 1933, 32(3): 515-520.

[43] Lotka A J. Contribution to the energetics of evolution[J]. Proceedings of the National Academy of Sciences of the United States of America, 1922, 8(6): 147-151.

[44] Lotka A J. Natural selection as a physical principle[J]. Proceedings of the National Academy of Sciences of the United States of America, 1922, 8(6): 151-154.

[45] Cottrell F, Bierstedt R. The social order: An introduction to sociology[J]. American Sociological Review, 1957, 22(5): 599-601.

[46] Costanza R. Embodied energy and economic valuation[J]. Science, 1980, 210(4475): 1219-1224.

[47] Campbell C J, Laherrère J H. The end of cheap oil[J]. Scientific American, 1998, 278(3): 78-83.

[48] Hall C A S, Cleveland C J. Petroleum drilling and production in the United States: Yield per effort and net energy analysis[J]. Science, 1981, 211(4482): 576-579.

[49] King C W. The rising cost of resources and global indicators of change[J]. American Scientist, 2015, 103(6): 410.

[50] Murphy D J, Hall C A S, Dale M. Order from chaos: A preliminary protocol for determining the EROI of fuels[J]. Sustainability, 2011, 3(10): 1888-1907.

[51] Hall C A S, Dale B E, Pimentel D. Seeking to understand the reasons for different energy return on investment (EROI) estimates for biofuels[J]. Sustainability, 2011, 3(12): 2413-2432.

[52] Lambert J G, Hall C A S, Balogh S, et al. Energy, EROI and quality of life[J]. Energy Policy, 2014(64): 153-167.

[53] Feng J, Feng L, Wang J. Analysis of point-of-use energy return on investment and net energy yields from China's conventional fossil fuels[J]. Energies, 2018, 11(2): 313.

[54] Carey K W, Maxwell J, Donovan A. Comparing world economic and net energy metrics, part 2: Total economy expenditure perspective[J]. Energies, 2015, 8(11): 12975-12996.

[55] Bashmakov I. Three laws of energy transitions[J]. Energy Policy, 2007(38): 3583-3594.

[56] Leena G, Hall C A S, Höök M. Energy return on investment for norwegian oil and gas from 1991 to 2008[J]. Sustainability, 2011(3): 2050-2070.

[57] Murphy D J. Energy return on investment: Theory and application to biophysical economics[D]. New York: New York University, 2010.

[58] Guilford M C, Hall C A S, O'Connor P. A new long-term assessment of energy return on investment (EROI) for U.S. oil and gas discovery and production[J]. Sustainability, 2011, 3 (10): 1866-1887.

[59] Sell B, Murphy D, Hall C A S. Energy return on energy invested for tight gas wells in the appalachian Basin, United States of America[J]. Sustainability, 2011, 3 (10): 1986-2008.

[60] Gagnon N, Hall C A S, Brinker L. A preliminary investigation of energy return on energy investment for global oil and gas production[J]. Energies, 2009, 2 (3): 490-503.

[61] Megan C G, Hall C A S, Pete O C. A new long-term assessment of energy return on investment (EROI) for U.S. oil and gas discovery and production[J]. Sustainability, 2011, 3 (10): 1866-1887.

[62] Lambert J G, Hall C A S, Balogh S B. EROI of global energy resources: Status, trends and social implications[R]. New York: State University of New York College of Environmental Science and Forestry, 2013.

[63] Raugei M, Fullana-I-Palmer P, Fthenakis V. The energy return on energy investment (EROI) of photovoltaics: Methodology and comparisons with fossil fuel life cycles[J]. Energy Policy, 2012, 45 (2): 576-582.

[64] Court V, Fizaine F. Estimations of very long-term time series of global energy return-on-investment (EROI) of coal, oil and gas[R]. Paris: Université Paris Ouest Nanterre, 2015.

[65] Kong Z, Dong X, Xu B, et al. EROI analysis for direct coal liquefaction without and with CCS: The case of the Shenhua DCL Project in China[J]. Energies, 2015, 8 (2): 786-807.

[66] Yaritani H, Matsushima J. Analysis of the energy balance of shale gas development[J]. Energies, 2014, 7 (4): 1-21.

[67] Xu B, Feng L, Wei W, et al. A preliminary forecast of the production status of China's Daqing oil field from the perspective of EROI[J]. Sustainability, 2014, 6 (11): 8262-8282.

[68] Chen Y, Feng L, Wang J. Emergy-based energy return on investment method for evaluating energy exploitation[J]. Energy, 2017 (128): 540-549.

[69] Aucott M L, Melillo J M. A preliminary energy return on investment analysis of natural gas from the marcellus shale[J]. Journal of Industrial Ecology, 2013, 17 (5): 668-679.

[70] Moeller D, Murphy D. Net energy analysis of gas production from the marcellus shale[J]. Biophysical Economics & Resource Quality, 2016, 1 (1): 1-13.

[71] Lior N. Exergy, energy, and gas flow analysis of hydrofractured shale gas extraction[J]. Journal of Energy Resources Technology, 2016, 138 (6): 1-14.

[72] Moriarty P, Honnery D. Can renewable energy power the future?[J]. Energy Policy, 2016 (93): 3-7.

[73] Wang J, Liu M, Mclellan B C. Environmental impacts of shale gas development in China: A hybrid life cycle analysis[J]. Resources, Conservation and Recycling, 2017 (120): 38-45.

[74] Brandt A R, Yeskoo T, Vafi K. Net energy analysis of Bakken crude oil production using a well-level engineering-based model[J]. Energy, 2015 (93): 2191-2198.

[75] Waggoner E G. Sweet spots, EROI, and the limits to Bakken production[D]. New York: State University of New York College of Environmental Science and Forestry, 2013.

[76] Dupont E, Koppelaar R, Jeanmart H. Global available wind energy with physical and energy return on investment constraints[J]. Applied Energy, 2018 (209): 322-338.

[77] Walmsley T G, Walmsley M R W, Atkins M J. Energy return on energy and carbon investment of wind energy farms: A case study of new Zealand[J]. Journal of Cleaner Production, 2017 (167): 885-895.

[78] Kubiszewski I, Cleveland C J, Endres P K. Meta-analysis of net energy return for wind power systems[J]. Renewable Energy, 2010, 35(1): 218-225.

[79] Dale M, Krumdieck S, Bodger P. Erratum: Global energy modeling: A biophysical approach(GEMBA) part 2: Methodology[J]. Ecological Economics, 2013(73): 158-167.

[80] Gagnon L, Camille B, Uchiyama Y. Life-cycle assessment of electricity generation options: The status of research in year 2001[J]. Energy Policy, 2002, 30(14): 1267-1278.

[81] Gagnon L. Civilisation and energy payback[J]. Energy Policy, 2008, 36(9): 3317-3322.

[82] Heller M C, Keoleian G A, Mann M K. Life cycle energy and environmental benefits of generating electricity from willow biomass[J]. Renewable Energy, 2004, 29(7): 1023-1042.

[83] Lund C, Biswas W. A Review of the application of lifecycle analysis to renewable energy systems[J]. Bulletin of Science Technology & Society, 2008, 28(3): 200-209.

[84] Martínez E, Sanz F, Pellegrini S. Life-cycle assessment of a 2-MW rated power wind turbine: CML method[J]. International Journal of Life Cycle Assessment, 2008, 14(1): 52-63.

[85] Mathur J, Bansal N K. Analysis of selected renewable energy options for India[J]. Energy Sources, 2001, 23(10): 877-888.

[86] Mathur J, Kumarbansal N, Wagner H. Energy and environmental correlation for renewable energy systems in India[J]. Energy Sources, 2002, 24(1): 19-26.

[87] Meier P. Life-cycle assessment of electricity generation systems and applications for climate change policy analysis[D]. Madison: University of Wisconsin Madison, 2002.

[88] Turconi R, Boldrin A. Life cycle assessment(LCA) of electricity generation technologies: Overview, comparability and limitations[J]. Renewable and Sustainable Energy Reviews, 2013(28): 555-565.

[89] Wagner H J, Pick E. Energy yield ratio and cumulative energy demand for wind energy converters[J]. Energy, 2004, 29(12): 2289-2295.

[90] Weißbach D, Ruprecht G, Huke A, et al. Energy intensities, EROIs(energy returned on invested), and energy payback times of electricity generating power plants[J]. Energy, 2013, 52(4): 210-221.

[91] White S W, Kulcinski G L. Net energy payback and CO_2 emissions from wind-generated electricity in the Midwest [R]. Madison: University of Wisconsin, 1998.

[92] White S W, Kulcinski G L. Birth to death analysis of the energy payback ratio and CO_2 gas emission rates from coal, fission, wind, and DT-fusion electrical power plants[J]. Fusion Engineering & Design, 2000, 48(3): 473-481.

[93] Zhai P, Williams E D. Dynamic hybrid life cycle assessment of energy and carbon of multicrystalline silicon photovoltaic systems[J]. Environmental Science & Technology, 2010, 44(20): 7950-7955.

[94] Azzopardi B, Mutale J. Life cycle analysis for future photovoltaic systems using hybrid solar cells[J]. Renewable and Sustainable Energy Reviews, 2010, 14(3): 1130-1134.

[95] Allen S R, Hammond G P, McManus M C. Energy analysis and environmental life cycle assessment of a micro-wind turbine[J]. Journal of Power and Energy, 2008, 222(A7): 669-684.

[96] Bhandari K P, Collier J M, Ellingson R J. Energy payback time(EPBT) and energy return on energy invested(EROI) of solar photovoltaic systems: A systematic review and meta-analysis[J]. Renewable & Sustainable Energy Reviews, 2015(47): 133-141.

[97] Singh A, Olsen S I, Pant D. Life Cycle Assessment of Renewable Energy Sources[M]. London: Springer, 2013.

[98] Fthenakis V, Alsema E. Photovoltaics energy payback times, greenhouse gas emissions and external costs: 2004–

early 2005 status[J]. Progress in Photovoltaics Research & Applications, 2006, 14(3): 275-280.

[99] Hopkins R. The Transition Handbook: From Oil Dependence to Local Resilience: Green Books[M]. Boston: UIT Cambridge Ltd, 2008.

[100] Kaldellis J K, Kostas P, Filios A. Minimization of the energy storage requirements of a stand-alone wind power installation by means of photovoltaic panels[J]. Wind Energy, 2010, 9(4): 383-397.

[101] Kannan R, Leong K C, Osman R. Life cycle assessment study of solar PV systems: An example of a 2.7kW p distributed solar PV system in Singapore[J]. Solar Energy, 2006, 80(5): 555-563.

[102] Keoleian G A, Lewis G M. Modeling the life cycle energy and environmental performance of amorphous silicon BIPV roofing in the US[J]. Renewable Energy, 2014, 28(2): 271-293.

[103] Kittner N, Gheewala S H, Kammen D M. Energy return on investment (EROI) of mini-hydro and solar PV systems designed for a mini-grid[J]. Renewable Energy, 2016(99): 410-419.

[104] Knapp K, Jester T. Empirical investigation of the energy payback time for photovoltaic modules[J]. Solar Energy, 2001, 71(3): 165-172.

[105] Kubiszewski I, Cleveland C J. The Encyclopedia of Earth[DB/OL]. (2020-8-11)[2022-3-14]. https://editors.eol.org/eoearth/wiki/The_Encyclopedia_of_Earth.

[106] Lindmayer J. Solar breeder: Energy payback time for silicon photovoltaic systems[R]. Rockville: NASA Technical Reports Server, 1977.

[107] Mathur J. Development of a modified dynamic energy and greenhouse gas reduction planning approach through the case of Indian power sector[D]. North Rhine-Westphalia: University Duisburg-Essen, 2001.

[108] Mathur J, Bansal N K, Wagner H J. Investigation of greenhouse gas reduction potential and change in technological selection in Indian power sector[J]. Energy Policy, 2003, 31(12): 1235-1244.

[109] Meier P J. Life-cycle energy requirements and greenhouse gas emissions for building-integrated photovoltaics[R]. Madison: Energy Center of Wisconsin, 2002.

[110] Odum H T. Environmental accounting: EMERGY and environmental decision making[J]. Child Development, 1996, 42(4): 1187-201.

[111] Pacca S, Sivaraman D, Keoleian G A. Parameters affecting the life cycle performance of PV technologies and systems[J]. Energy Policy, 2007, 35(6): 3316-3326.

[112] Peharz G, Dimroth F. Energy payback time of the high-concentration PV system FLATCON[J]. Progress in Photovoltaics Research & Applications, 2010, 13(7): 627-634.

[113] Pro B H, Hammerschlag R, Mazza P. Energy and land use impacts of sustainable transportation scenarios[J]. Journal of Cleaner Production, 2005, 13(13): 1309-1319.

[114] Raugei M. Net energy analysis and life cycle energy assessment of electricity supply in Chile: Present status and future scenarios[J]. Energy, 2018(162): 659-668.

[115] Raugei M, Sgouridis S, Murphy D, et al. Energy Return on Energy Invested (ERoEI) for photovoltaic solar systems in regions of moderate insolation: A comprehensive response[J]. Energy Policy, 2017(102): 377-384.

[116] Rydh C J, Sandén B A. Energy analysis of batteries in photovoltaic systems. Part II: Energy return factors and overall battery efficiencies[J]. Energy Conversion & Management, 2005, 46(11): 1980-2000.

[117] Richards B S, Watt M E. Permanently dispelling a myth of photovoltaics via the adoption of a new net energy indicator[J]. Renewable & Sustainable Energy Reviews, 2007, 11(1): 162-172.

[118] Sherwani A F, Usmani J A, Varun. Life cycle assessment of solar PV based electricity generation systems: A

review[J]. Renewable & Sustainable Energy Reviews, 2010, 14(1): 540-544.

[119] Tovey K, Turner C. Performance of two photovoltaic arrays in the UK[J]. Energy, 2008, 161(1): 11-21.

[120] Friedrich R, Voss A. External costs of electricity generation[J]. Energy Policy, 1993, 21(2): 114-122.

[121] Watt M. Photovoltaics in Australia: Technology, markets & performance[R]. Sydney: The University of New South Wales, 2006.

[122] Wilson R, Young A. The embodied energy payback period of photovoltaic installations applied to buildings in the U.K[J]. Building & Environment, 1996, 31(4): 299-305.

[123] Mann M K. The net CO_2 emissions and energy balances of biomass and coal-fired power systems[R]. Golden: National Renewable Energy Laboratory Report, 1999.

[124] Hall D O. Biomass energy in industrialised countries: A view of the future[J]. Forest Ecology and Management, 1997, 91(1): 17-45.

[125] Mann M K, Spath P L. A life cycle assessment of biomass cofiring in a coal-fired power plant[J]. Clean Technologies and Environmental Policy, 2001, 3(2): 81-91.

[126] Heller M C, Keoleian G A, Volk T A. Life cycle assessment of a willow bioenergy cropping system[J]. Biomass and Bioenergy, 2003, 25(2): 147-165.

[127] IEA Bioenergy. Bioenergy for mitigation of CO_2 emissions: the power, transportation and industrial sectors[R]. Tennessee: Oak Ridge National Laboratory, 1999.

[128] Ruark G, Josiah S, Riemenschneider D, et al. Perennial crops for bio-fuels and conservation[R]. Arlington: Agricultural Outlook Forum, 2006.

[129] Haegele J, Steward B, Visser E, et al. Modeling a renewable energy system to meet university energy needs and promote regional sustainable development[R]. Ames: Iowa State University, 2007.

[130] Hopkinson C S, Day J W. Net energy analysis of alcohol production from sugarcane[J]. Science, 1980, 207(4428): 303-304.

[131] Giampietro M, Ulgiati S, Pimentel D. Feasibility of large-scale biofuel production: does an enlargement of scale change the picture[J]. BioScience, 1997, 47(9): 587-600.

[132] McLaughlin S B, Walsh M E. Evaluating environmental consequences of producing herbaceous crops for bioenergy[J]. Biomass and Bioenergy, 1998, 14(4): 317-324.

[133] Prakash R, Henham A, Bhat I K. Net energy and gross pollution from bioethanol production in India[J]. Fuel, 1998, 77(14): 1629-1633.

[134] Shapouri H, Wang M, Duffield J A. Net Energy Balancing and Fuel Cycle Analysis[M]. New York: John Wiley & Sons Ltd, 2006.

[135] Hammerschlag R. Ethanol's energy return on investment: A survey of the literature 1990-present[J]. Environmental Science & Technology, 2006, 40(6): 1744-1750.

[136] Jones J C. Synthesis gas derived fuels and carbon neutrality[J]. Fuel, 2007, 86(12): 2021.

[137] Lavigne A, Powers S E. Evaluating fuel ethanol feedstocks from energy policy perspectives: A comparative energy assessment of corn and corn stover[J]. Energy Policy, 2007, 35(11): 5918-5930.

[138] Kallivroussis L, Natsis A, Papadakis G. Rural development: The energy balance of sunflower production for biodiesel in Greece[J]. Biosystems Engineering, 2002, 81(3): 347-354.

[139] Cardone M, Mazzoncini M, Menini S. Brassica carinata as an alternative oil crop for the production of biodiesel in Italy: Agronomic evaluation, fuel production by transesterification and characterization[J]. Biomass and Bioenergy,

2003, 25(6): 623-636.

[140] Bernesson S, Nilsson D, Hansson P A. A limited LCA comparino large- and small-scale production of rape methyl ester(RME) under Swedish conditions[J]. Biomass and Bioenergy, 2004(26): 545-559.

[141] Hill J, Nelson E, Tilman D, et al. Environmental, economic, and energetic costs and benefits of biodiesel and ethanol biofuels[J]. Proceedings of the National Academy of Sciences, 2006, 103(30): 11206-11210.

[142] Prueksakorn K, Gheewala S H. Full chain energy analysis of biodiesel from jatropha curcas in Thailand[J]. Environmental Science & Technology, 2008, 42(9): 3388-3393.

[143] Pradhan A, Shrestha D S, Gerpen J V. The energy balance of soybean oil biodiesel production: A review of past studies[J]. Transactions of the ASABE, 2008, 51(1): 185-194.

第 2 章　理论基础与分析方法

2.1　净能源的价值

长期以来，财富增长一直是各经济学流派的重要研究内容，经济学家们试图利用各种理论揭示财富增长背后的逻辑。在农业社会时期，财富指的是一个社会群体或个人从自然界中所能获得的大量初级物质积累，如粮食和土地等。但是，随着经济的增长和发展，财富开始被定义为人类生产的总和，即从自然中获取的物质经过加工后的产品积累。新古典主义时期，货币资本作为引导资源配置的重要工具而被大量使用，并导致随后财富的概念逐渐变化为积累的货币资产，因为这些资产能产生一种被称为购买力的象征。随着银行、货币、金融、债券和股票等行业快速发展，大多数人逐渐将资本认为是财富的象征，开始追逐无限的资本利润，出现了各种各样的"拜金主义"，发生了各种一夜暴富式的"曲别针换别墅"神奇故事。经济学家因此将财富定义为一种被称为资本的股票、债务或者存款，并认为资本是最为重要的生产要素。这就导致财富增长的概念逐渐从自然物质的积累转移到了货币资本上。从本质上来说，真正的财富积累起源于物质的生产过程，而不是起源于资本交换过程，交换过程仅起到重新配置资源的作用。如果资源过分集中于某一个体，则说明大多数人通过勤勉劳动从自然中获得的财富资源在重新分配过程中出现了不公平和低效率的情况，导致资源错配，进而引发更严重的社会危机。

重农学派是最早的古典政治经济学流派，他们很早就认识到财富起源于土地，劳动者的劳动通过种植、收割和运输食物而占有了地球上的生物资源存量，只有大自然才能创造供人类消耗的净产品。从他们的角度来看，财富的定义是物质的积累，人类只是大自然宝贵财富的搬运工和加工者。古典经济学的鼻祖亚当·斯密在 1776 年发表的《国富论》中，依据他们"把土地生产物看作各国收入及财富的唯一来源或主要来源"的学说，把他们称为"农业体系"，汉语意译为"重农学派"。亚当·斯密最广为人知的观点是理性人假设及市场的作用，他相信市场这只看不见的手会起到最有效的资源配置的作用。他在著作《国富论》中一开始就提出了财富的问题，他认为财富的源泉不在于自然资源和农业耕作，而在于劳动生产率和生产劳动者数量的提高。财富是通过在市场上销售商品和服务而产生价值的积累，市场配置资源是最有效率的手段。但是，《国富论》是亚当·斯密在化石燃料广泛应用于制造业之前进行研究的，并没有充分考虑社会运转与能源的关系及能源效率和质量对于财富积累的影响。在亚当·斯密的时代，社会劳动依靠人力劳动和畜力，货物运输主要依靠帆船和马车，市场配置资源的范围和速度严重受到能源的限制。马克思主义政治经济学中将人类劳动认为是价值的源泉，一种商品之所以有价值，是因为大自然的产品是通过人类劳动而改变的，人类的劳动依靠工具和土地等生产资料所创造的剩余价值是价值的源泉，并认为价值可以通过衡量劳动力成本来客观地确定。虽然与亚当·斯密相比，马克思意识到了剩余价值的重要作用，但其依然没有提到优质、廉价、高效的能源在财富积累过程中起到的重要作用。

19 世纪后化石能源大量使用，社会运转效率和范围开始指数型增加，快速的生产和消费创造了空前的繁荣。对长期的能源消费数据和 GDP 数据进行关联分析后可以发现，人类社会的 GDP 快速发展基本与化石能源消费量的快速增长相吻合，而在化石能源大量使用之前，GDP 增长速度和规模长期维持在较低水平，这绝对不是什么巧合(图 2.1)。在 19 世纪以前，化石能源没有大量使用，人类社会的能源主要来自人的体力劳动，完成复杂生产的难度极大，生产和消费速度较慢，资源配置过程效率极低。一旦丰富而廉价的化石燃料时代开始，财富增长的方法和速度就发生了重大变化。在大量使用廉价煤炭和石油之后，相对稳定的农业社会逐渐结束，取而代之的是通过市场有效运作带来的财富快速增长。在亚当·斯密对劳动分工起源的研究中也可以发现能源的积极作用。《国富论》中第一次提出了劳动分工的观点，并系统全面地阐述了劳动分工对提高劳动生产率和增进国民财富的巨大作用。在农业社会时期，劳动工具通常可以自己制作，价值的积累和创造基本是通过大量的人力劳动来完成的，不仅效率低下，而且分散。当更有效率且更加精细复杂的工具出现以后，趁手的工具往往不能由劳动者独自制造完成，

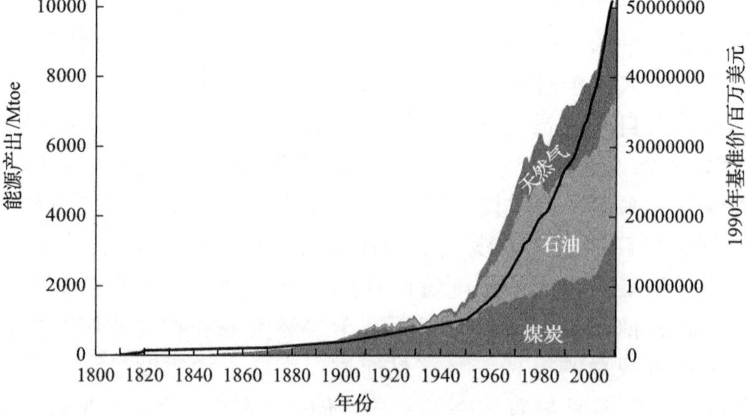

图 2.1 1820～2008 年全球 GDP 与化石能源消费趋势(数据来源：Energy-Our World in Data)

Mtoe. 百万吨油当量

需要依靠社会分工协作来完成。化石能源大量使用后不仅提高了工具制作水平，还通过社会化大分工和大生产加速让更有效率地生产成为可能，劳动力大大解放，生产力大大增强，社会财富开始大量增长，由此也证明了高品质能源对于财富积累的重要作用。

此处列举一个能够帮助理解能源与生产力发展和经济繁荣之间联系的具体例子。化石能源的使用提高了劳动生产率，使得雇主可以在给员工加薪的同时获得更高的利润。一般认为这种生产率的提高通常与技术进步挂钩，但是大部分研究者忽略的是，劳动生产率的增长与每个工人每小时消耗的能量成正比。美国的劳动生产率是欧洲工人的 2～3 倍，这不是因为工人工作更努力或更聪明，而是因为大量的高品质廉价能源支撑他使用的机器设备能够用 2～3 倍的效率完成工作。由于“页岩革命”使能源独立的美国拥有比大多数国家更多的廉价能源，进一步拉低了设备使用和生产制造成本，而且随着越来越多的工厂采用大规模生产的机器设备，更多的劳动者双手被解放出来，如果政府合理引导这些劳动力投入脑力劳动中，脑力工作者数量将飞速增加，其直接结果就是创新能力的快速增长，引领经济社会的快速进步。因此，高品质廉价能源的供应和消费帮助了生产力的发展，促进了生产力的进步，增加了国民财富。

剩余价值是雇佣工人创造的超过劳动力价值的那部分价值[1]。在卡尔·马克思的伟大的剩余价值论中，认为价值是体现在商品中无差别人类劳动的抽象概念，劳动是价值的唯一源泉，劳动创造的剩余价值是财富的源泉。马克思承前启后的剩余价值理论对于解释财富积累的重要作用做出了深刻的论述，揭示了财富积累的根本模式，即资本家通过剥削没有生产资料的普通工人的劳动来实现剩余价值的创造和积累。按照马克思的剩余价值论，人的劳动分为体力劳动和脑力劳动，如果把人的体力劳动也假设为是能源的一种，当化石能源大量使用之后，原来依靠使用劳动力的劳动密集型的产业开始使用消耗化石能源的机器设备，由劳动创造的剩余价值逐渐变为设备消耗能源所创造的剩余价值，凝结在商品中无差别的劳动力更多地变为无差别的能源，劳动创造的价值逐渐变为能源消耗创造的价值，高价值商品中凝结的无差别的体力劳动越来越少，凝结的剩余能源越来越多，剩余体力劳动创造的价值甚至可以由剩余能源创造的价值代替。

实际上以化石能源为主的生产资料和劳动力一样，都隐含了自然界中的能源资源。如果商品的价值由凝结的劳动力多少决定，那么大量使用化石能源替代劳动力以后，商品中隐含的体力劳动越来越少，商品的价值大部分由凝结的无差别化石能源的能量多少所决定。剩余能源价值的说法并不是说明劳动价值论无用，而是说明劳动价值论中要分开讨论可以替代的简单体力劳动和复杂脑力劳动，其中体力劳动创造的剩余价值可以进一步从能源的角度来理解，因为从财富积累的角度来看劳动力也是能源的一种。正是化石能源的大量使用，解放了劳动力，提高了生产力、丰富了生产资料，创造了大量的剩余价值，才给人类社会积累了足够的财富。在原始社会、奴隶社会甚至农业社会时期，劳动力是经济社会重要的能量来源，那么人口的多少与生产力水平就直接相关。同时，劳动力也具有两个方面的作用，在农业社会时期，人力劳动既是社会运转的主要能源来源、生产力的创造者，同时也是生产资料的重要消耗者。那么当人口增长速度过快，人均产出下降，生产资料消耗速度过大时，生产力无法创造相应的生产资料，就容易发生社会危机。

对于人口危机的科学研究始于 1798 年马尔萨斯发表的一篇关于人口原理的论文。马尔萨斯指出，当人口增长超过生活资料增长时，食品价格上涨，实际工资下降，人均消费，特别是贫困阶层的人均消费下降。经济困难往往伴随着饥荒、瘟疫和战争，导致低生育和高死亡率，且人口增长放缓(甚至下降)，从而使维持生计的手段得以跟上，生育限制放松，人口恢复增长，最终导致另一场生存危机。因此，人口增长的自然趋势和生活资料供应约束之间的冲突导致了人口数量的波动。根据马尔萨斯的观点，人口数量的波动应该伴随着某些经济变量的系统性变化，尤其是食品价格。达到资源极限有时被描述为“人口增长超过了土地的承载能力”或“居住在该地区的人们无法使用当时可用的资源(如可耕地、太阳能、役畜和当时的技术)来种植足够的粮食和木柴，以满足不断增长的人口”。因此，“马尔萨斯陷阱”出现的本质原因是外部约束和限制，而这些约束都是由于生产力或生产资料不足而产生的。与马尔萨斯同时代的中国清朝的洪亮吉(1746～1809 年)在《意言》中的《治平篇》和《生计篇》两篇论述中集中阐述了他对清代初期人口问题的观点。他敏锐地看到了人口增长太快、生活资料增长太慢会影响封建社会秩序的安定和人民生活水平的下降，又看到了普通民众生活水平下降后土地被大肆兼并，加剧了社会矛盾。另外，洪亮吉也发现了自然调节人口是不可控的，也是不人道的，只有增加土地资源的供给才是君相调剂之法。其原文如下：“曰：天地有法乎？曰：水旱疾疫，即天地调剂之法也。然民之遭水旱疾疫而不幸者，不过十之一二矣。曰：君、相有法乎？曰：使野无闲田，民无剩力，疆土之新辟者，移种民以居之，赋税之繁重者，酌今昔而减之，禁其浮靡，抑其兼并，遇有水旱疾疫，则开仓廪、悉府库以赈之，如是而已，是亦君、相调剂之法也。”总的来说，“马尔萨斯陷阱”的出现是各种外界约束导致的，这些外界约束出现的本质都是内在的生产力或生产资料不足，而生产力和生产资料的来源都是以能源为主的自然资源。工业革命以后，长期笼罩在人类头上的“马尔萨斯陷阱”阴云逐渐散去主要是依靠大量消耗化石能源，生产力和生产资料快速增长，工厂和农田依靠机器的使用提高了生产力，生产资料的使用也更有效率。

从长期发展的角度来看，似乎当前的经济周期初始于 19 世纪初化石燃料逐渐使用，快速增长于第二次世界大战之后，世界 GDP 在 200 多年的时间里呈现指数型增长，但进入 21 世纪后增长趋势逐渐放缓。这主要是因为如今世界经济正面临着优质资源短缺危机的问题，具体主要表现为低商品价格、高生产成本。低商品价格是由于化石能源供应的剩余能源减少，导致财富积累失速，商品需求增长缓慢；高生产成本是由于化石能源资源丰度降低和开采难度加大。大部分经济学家往往忽略的一个事实是，化石能源等大宗商品的生产实际上是一个双边价格问题：对于那些开采、转化和运输资源的公司来说，价格需要足够让他们获得税后利润；而对于终端消费者来说，价格需要足以让消费者买得起由这些自然资源制造的产品。将该思想套用于整个能源系统，即经济社会向能源系统的投入要能覆盖生产转化和运输能源的成本；同时投入又不能过大，以免导致社会无法承担这部分投入。只有这样社会才能得到充足的剩余能源而快速发展。因此，对于经济和能源两个系统来说，都希望能源生产的成本能够低一些，能源能够优质易采一些，投入产出能够高一些，这样经济系统就能够获得足够的剩余能源，能源系统又能够有足够的动力去生产。可惜的是，目前全世界优质易采的化石能源正在逐渐消失，非化石能源的成本又居高不下，似乎从能源生产中获得剩余能源变得越来越难。

2.2　净能源分析基础概念

在生态物理经济学研究者的最初研究中，常常将剩余能源也称为能源盈余和净能源，名异而实同，即某种能源生产过程中产出与投入之差，这些能源才是真正支持经济社会发展的能源。在前文宏观的理论论述之后，带来了另一个重要的问题：既然剩余能源如此重要，那么怎么才能准确估计不同能源的生产消费带来的剩余能源呢？生态物理经济学研究者建立了 EROI（能源产出/能源投入）模型来估计净能源供应能力。EROI 越低，生产 1 个单位的能源需要的投入越大，当 EROI 为 1∶1 时，能源系统没有任何净能源产出。虽然生态物理经济学研究者早早地开始研究净能源对于经济的影响，但是始终没有理清楚净能源（或剩余能源价值）对于财富和经济增长的影响。剩余劳动和净能源本质上都是一样的，都是社会财富积累的根本原因，净能源不足同样也会导致危机爆发。因此，分析净能源的总量和供应效率的变化及净能源与经济增长的关系就有了重要意义。

2.2.1　相关概念

在能源研究领域中，能源的总量和净量研究都必不可少。一般地，从宏观角度分析能源时，往往从总量的角度着手，很少从净量的角度考虑；但对于宏观经济系统和政策决策者来说，往往需要总量和净量相结合来考虑，这样才更具有应用价值。本书研究中不论是化石能源还是非化石能源，都是从总量和净量两个角度入手的（图 2.2），这也是净能源分析中的两个方面。总量代表能源的总一次能源供应量(TPES)；净量则代表化石能源的净能源产出，其中决定净能源生产效率的是 EROI。在非化石能源的研究中，净量的研究意义不变，但总量的研究变为对潜在可以产出的净能源资源量的评估研究。虽然目前非化石能源在能源消费结构中占比不大，但其潜力巨大，是化石能源的潜在替代者，因此需要考察其潜在资源量。

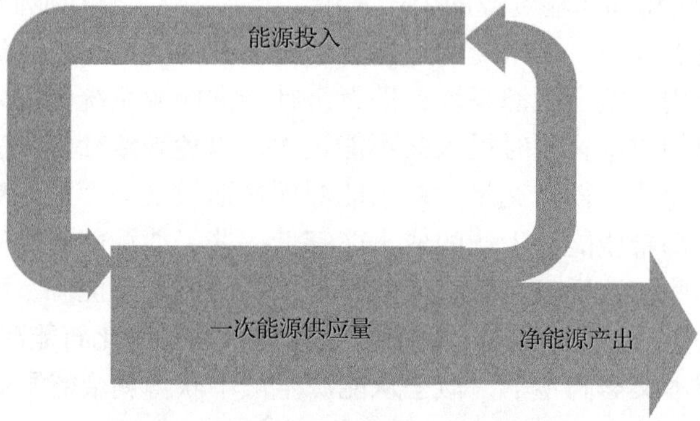

图 2.2　总量、净量和投入产出的关系

能源是一种特殊的商品，其在生产过程中需要消耗一定量的能源本身。从这个角度来说，能源产量中有一部分是无法被经济社会所利用的。在生态物理经济学研究中，能源产出扣除加工转化损失及生产过程的能源投入后的净能源，才是真正能为经济系统使用的能源。净能源的表达式为

$$\text{净能源}=\text{能源产出}-\text{能源投入} \tag{2.1}$$

式中，能源产出为一次能源供应量；能源投入包括一些直接能源投入和间接能源投入，如图 2.3 所示。

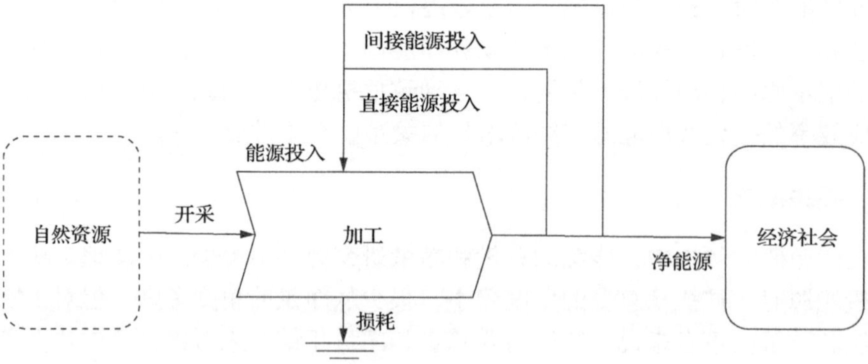

图 2.3　净能源

1955 年，Cottrell 受到“净量”概念的启发提出了净能源产量，其也被称为能源盈余，即不包含能源投入的剩余能源产出[2]。随后相关学者根据其研究将净能源的概念继承延伸，在净能源理论的基础上，EROI 概念被进一步发展出来。EROI 是衡量能源产出与投入关系的分析模型，是一种简单却对于衡量能源品质有效且有意义的方法。1984 年，Cleveland 等在 *Science* 发表文章，提出了衡量石油产业供应净能源能力的方法 EROI，其具体解释为“能源生产过程中投入的能源与回报的能源之比值”,并且阐述了 EROI 方法对社会发展和经济增长研究的重要意义[3]。自此之后，关于 EROI 和净能源分析的研究在国外能源经济研究领域中快速发展。

EROI 是一种对净能源生产效率进行分析的方法,其准确地衡量了能源在生产过程中投入产出的变化趋势。以往从消费量和产量角度出发的分析方法不能准确地评价能源投入成本和产出回报的变化，净能源分析中的 EROI 则较为准确地衡量了能源生产过程中能源投入及生产净能源产出的能力。EROI 分析是净能源分析中的重要组成部分，也是必要环节。一般来说，EROI 在形式上可以分为时间序列 EROI 和全生命周期 EROI，分别用于纵向比较和横向比较。时间序列 EROI 主要是通过时间上连续的能源投入和产出数据分析 EROI 的变化规律，并且寻找与其他数据之间的联系，如寻找 EROI 与化石能源累计产量之间的关系；而全生命周期 EROI 是在一个特定时间段内分析能源投入产出数据后得到单一的 EROI 值，并与其他类型的能源进行横向比较。相对来说，纵向分析单一能源时，主要采用的是时间序列 EROI，这有助于分析某一种能源的投入产出变化趋势；而多种能源横向对比分析时，则主要采用全生命周期 EROI。EROI 用公式可表示为

$$\mathrm{EROI}=\frac{\sum_{i=1}^{n}E_i^{\mathrm{o}}}{\sum_{i=1}^{n}E_i^{\mathrm{I}}} \tag{2.2}$$

式中，$\sum_{i=1}^{n}E_i^{\mathrm{o}}$ 和 $\sum_{i=1}^{n}E_i^{\mathrm{I}}$ 分别为第 i 种能源产出和能源投入的热当量值，能源产出和能源投入的意义与式(2.1)相同。

虽然近年来国际学术界关于净能源的研究逐渐兴起，但是这些研究往往不具有广泛可比性，主要是因为边界和层级之间的差异。这种差异是计算过程中最重要也是最容易被忽略的影响因素。现有的关于净能源的研究大多针对的是化石能源开采阶段的计算，然而能源生产是一个复杂的产业链，因此净能源不仅受到开采阶段的能源投入和产出的影响，还受到整个能源系统下游产业的影响。例如，当开采阶段的 EROI 减少时，整个能源系统的 EROI 可能下降，也可能上升或不变，因为最终能源的 EROI 是整个生产链的能源投入和产出情况决定的，开采仅

仅是其中的一个阶段。所以，在 EROI 分析中，边界和层级的确定是至关重要的一步，这对于不同能源 EROI 对比和评估结果的准确性都有重要的意义，只有边界和层级相同时才具备不同产区或不同种类的能源可以比较的前提条件。

EROI 的边界确定与一般能源分析中采用的全生命周期评估(Life Cycle Assessment，LCA)方法相似[4]。Hall 等进一步明确了用于 EROI 评价和比较的边界并为学术界广泛认可[5]。该方法将评价 EROI 的边界划分为以下几类：标准 EROI (Standard EROI，$EROI_{st}$)、终端用户 EROI(Point of Use EROI，$EROI_{pou}$)、扩展 EROI (Extent EROI，$EROI_{ext}$)和全社会 EROI(Society EROI，$EROI_{soc}$)。早期进行净能源和 EROI 分析时，针对的往往是化石能源的开采阶段，EROI 评价方法也是在该背景下成熟起来的。因此，这一时期分析化石能源开采阶段的 EROI 统称为 $EROI_{st}$。$EROI_{st}$ 的计算方法是将某个区块、地区或国家的总能源产出除以每年用于生产该能源的能源投入总量。$EROI_{pou}$ 则比 $EROI_{st}$ 更全面，因为 $EROI_{pou}$ 包含了能源从开采、加工、转化到运输过程中所消耗的能源投入。从边界上来说，$EROI_{pou}$ 边界扩大到了最终使用该能源的用户，相比之下更加全面。$EROI_{ext}$ 是一种 EROI 的扩展分析，它不仅考虑了开采、转化(加工)和运输能源所需要的能源投入，还考虑了单位能源在使用时所消耗的能源，如使用汽油的轿车在生产时所耗费的能源。$EROI_{soc}$ 则是一种更大范围的能源 EROI，是指一个国家或社会通过使用能源获得的所有收益和为此进行的能源投入活动。目前为止，$EROI_{soc}$ 的计算还没有研究可供参考，主要是因为数据的获取和能量流动的统计极其复杂和困难。

如果确定计算边界解决的是 EROI 和净能源分析中产出的问题，那么层级的确定则解决的是投入的问题。往往一种能源在相同边界的计算条件下，投入层级不同则结果不同。总的来说，能源投入层级越高就意味着纳入计算范围的能源投入越多，则 EROI 和净能源越小。与边界确定不同，大部分能源生产过程的边界分割较为清晰，而层级的分割却有时较为模糊，常常导致重复统计或者漏计问题。因此，给出合理的层级划分对于 EROI 分析和净能源分析都有重要意义。

根据 David 等的研究结果，能源投入一般分为五大层级[6]，从第一层级到第五层级分别为直接投入、间接投入、劳动力投入、公共服务投入、环境治理投入。但是，这样的分级方法在具体使用时却有一定的不合理之处。其中，第三层级的劳动力投入本身属于公共服务，但在计算时往往以人工工资的形式考虑，而工资等货币形式的投入却属于第二层级的间接投入，这样的划分容易导致层级混乱。因此，本研究将能源投入的层级进行了重新划分，将上文中的第二、三层级合并为第二层级，层级划分由低到高依次为直接能源投入、间接能源投入、公共服务投入、环境治理投入。边界和层级二维逻辑如图 2.4 所示。这种划分方法容易被学术研究所接受，在一定程度上避免了重复计算或者漏计问题，并且有助于数据的获取和整理。具体来说，与能源生产过程产生直接联系的实物能源投入为直接能源投入，如发电照明用的柴油等，这部分投入来自能源系统内部；而间接能源投入是通过其他部门消耗能源后生产的产品投入能源生产过程中。一般情况下，净能源中的直接能源投入是物理热量单位的能源形式的投入；而间接能源投入则是以人力、财力或物力等非能源实物形式的投入，但这部分投入也是由其他部门耗费能源后创造的。公共服务投入和环境治理投入两个层级的投入由于难以用准确的数据体现出来，并且与直接和间接能源投入相比，与能源生产过程的联系不紧密，因此本研究中暂时不予考虑。综合来看，本研究的 EROI 和净能源分析边界确定为 $EROI_{pou}$，层级为直接能源投入和间接能源投入。

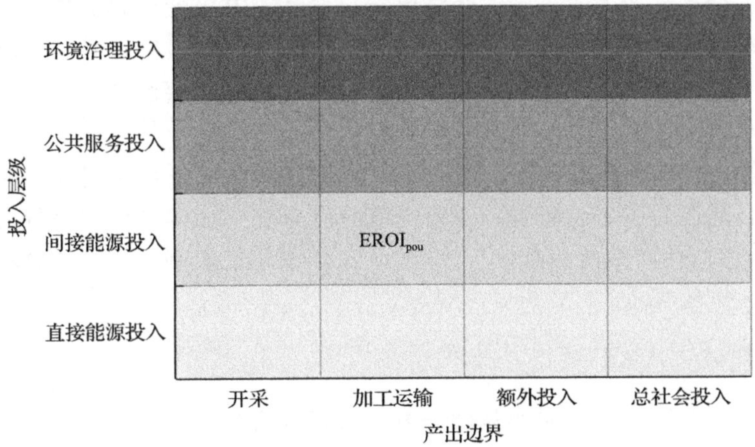

图 2.4　边界和层级二维逻辑

2.2.2　净能源分析相关假设

随着净能源和 EROI 分析方法被越来越多的学者、研究机构所熟悉，其中一些基本的理论得到广泛的讨论。这些理论在实践中得到了充分的检验，并且丰富了净能源理论内涵。本小节总结了一些基本的相关基础理论，但并不局限于此。

1. 最小 EROI 假设

经济社会发展需要源源不断地获得净能源以支持可持续的经济活动和公共服务。Lambert 等在其研究中总结道[7]：“假设经济社会的活动只能依赖一种能源，这种能源的 EROI 是 1.1∶1，那么我们只可以将能源开采到地面并看着它什么也做不了。如果想让孩子们接受教育，可能需要 EROI 不低于 10∶1；如果社会想要建立完善的医疗体系，那么可能需要 EROI 不低于 12∶1；如果想要高度发达的文化艺术水平，可能需要 EROI 不低于 14∶1。”虽然这段话中的数据并不是精确计算得出的，但却解释了不同的经济活动都有最小 EROI 的要求，因此经济社会的高质量可持续发展需要较高的 EROI。不同国家和地区有不一样的经济基础、能源结构和资源禀赋，这往往导致最小 EROI 的标准是不同的。Hall 等研究结果显示，美国最小 EROI 大概在 3∶1[8]。

由于当 EROI 小于或接近于 1∶1 时能源产出与投入接近，此时难以产生净能源盈余供给经济社会使用，因此这样的能源就不具有可利用价值。实际上，EROI 值在略高于 1∶1 时往往就很难继续利用。这主要有三个方面的原因：一是能源品质迅速下降，生产成本快速上升，为了获得一定的产量，需要大量的投入，造成投资回收不合理，产生了一定的经济风险；二是 EROI 变化趋势预示着技术进步与资源耗竭之间的对抗，EROI 过低意味着资源耗竭严重，针对某一种能源的开采和利用技术达到瓶颈时很难再继续提高，资源耗竭程度会逐渐占据上风，并最终导致能源不可利用；三是对于环境的影响，由于能源品质的迅速下降，投入产出比快速降低，会造成过多的能源投入产生无效的“浪费”，而且目前的能源结构以高排放化石能源为主，这就造成了有一部分碳排放由能源系统“自身运转”而产生，EROI 过低会导致能源系统“空转”，在排放总量控制的情况下会剥夺经济发展需要的碳排放容量。

2. 净能源“悬崖”假设

一般进行净能源分析时要从两个方面进行综合分析，一方面是能源的 EROI 的计算，另一个方面是能源的净能源产出，二者既有区别又有联系：联系是 EROI 和净能源产出都是从能源的投入产出的角度来分析的；区别是净能源产出是从净能源供应量的角度出发做绝对量研究，EROI 分析则是从净能源生产效率的角度出发做相对量研究。既然 EROI 和净能源产出都是由能源投入和能源产出决定的，那么二者在研究对象、边界和层级相同的情况下，必然存在某种数量关系。为了研究这一数量关系，做出如下假设：假设只存在一种能源被经济社会使用，这种能源每年的产量为 G，即总一次能源供应量；I 为该能源生产、转化和运输过程中消耗的能源投入；N 为终端用户最终所能使用到的净能源产出。根据净能源定义，存在如下数量关系：

$$N = G - I \tag{2.3}$$

根据 EROI 定义，存在如下数量关系：

$$\mathrm{EROI} = \frac{G}{I} \tag{2.4}$$

将式(2.3)和式(2.4)联立，得到如下公式：

$$N = G\left(1 - \frac{1}{\mathrm{EROI}}\right) \tag{2.5}$$

式(2.5)就是净能源产出与 EROI 的数量关系，由该数量关系进一步得出了净能源“悬崖”(Net Energy Cliff)假设，旨在描述当总能源产出不变的情况下，随着 EROI 不断下降，当低于临界值后，净能源产出开始断崖式下降的现象，即此时生产单位能源的过程中能源投入开始指数式上升。Mearns 首先发现了这个规律并且进行了探讨[9]；随后 Murphy 和 Hall 也进行了研究，并将这种关系总结为净能源“悬崖”假设[10]，即随着 EROI 递减净能源产出断崖式下降的规律，如图 2.5 所示。目前净能源产出对于经济发展的影响还没有引起足够的重视，主要是因为多年来全球化石能源 EROI 普遍维持在 6∶1 以上的中等偏上水平。然而，随着全球范围内化石能源品质递减，开发利用难度不断加大，EROI 会继续下降，随后会引起净能源产出急剧下降。

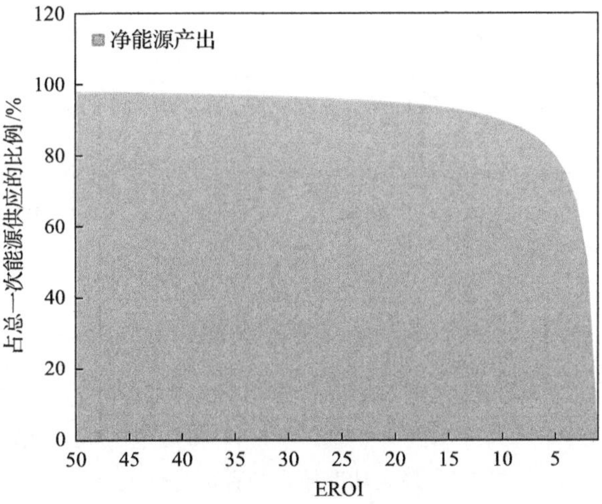

图 2.5　净能源“悬崖”假设

3. 最大功率利用假设

达尔文在《物种起源》一书中提出，生物的进化实际上是一场争夺稀缺资源的生命斗争，适者生存的自然选择过程导致了新物种的出现和繁衍。Lotka 随后提出，在这场适者生存的自然选择斗争中，能够生存下来然后逐渐繁荣的种群是那些比竞争对手更合理利用能源的生物群体[11]。Hall 在观察了大量的已知的种群后发现，能够不断繁衍并且适应自然变化的种群并不是能够最多利用资源的物种，这些物种很快会因为过度依赖的稀缺资源耗竭而无法生存；当然，也不是那些只利用少量资源的物种，这些物种很快会因为缺乏竞争力而不能适应自然；而是那些能够最高效、最合理利用稀缺资源的物种[12]。这里最高效和最合理利用资源，指的就是稀缺资源利用过程中的能源投入产出比最大化。

关于最大功率原理(Maximun Power Pricinple，MPP)可以解释如下。假设有一人 A 在山顶从山底获取有限的食物资源(图 2.6)，绳子本身受到很大的摩擦力，那么对于山顶上的人来说，如果他拉动绳子速度过快，则大量体力短时间内用于对抗摩擦力，输入功率并没有全部转化为输出功率，而是有一部分转化为热能，即此时获取的食物总产量不能覆盖体力消耗；如果拉动绳子过慢，则产量无法满足对于食物的需求，这两种情况都不是对稀缺资源最高效的利用；只有在适当拉动速度下，投入的体力与获得的食物才会相对合理。如果此时另一人 B 通过滑轮获取山底有限的食物资源，与 A 不同，B 通过滑轮减少摩擦力，那么当 A 和 B 两个人的体力投入相同时，B 将获得足够的食物而 A 没有。对于 A 和 B 来说，B 就是更加合理高效地利用有限资源的种群。如果用 EROI 的思想(产出/投入)来考虑，此时 B 具有更高的 EROI。

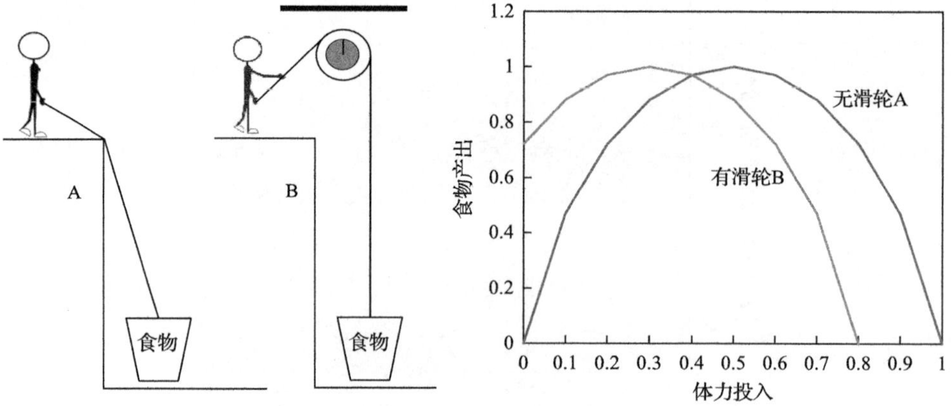

图 2.6　最大功率原理与种群进化关系

最大功率利用假设可以表述如下：在系统的自组织过程中，发展趋势是利用能量的效率最大化，即最小功率输入、最大功率产出。Odum 通过观察发现，该原理可以应用于很多系统的演变过程中，如能源系统的能值变化等分析研究[13]。Bashmakov 认为正确的能源结构转型方向应该是逐步用高 EROI 的能源替代低 EROI 的能源，因为高 EROI 的能源利用满足最大功率原理。从人类发展与能源利用的历史来看，能源消费结构逐步从薪柴向煤炭、石油和天然气演变，高 EROI 的能源不断替代低 EROI 的能源，因此整个能源系统的 EROI 也符合从低到高的演变规律[14]。提高整体经济生产力需要高品质的能源，高 EROI 的能源是经济增长所必需的，能源品质从低品质能源转变为高品质能源也符合人类发展过程中能源利用的规律。

4. 化石能源 EROI 动态函数

Dale 等提出了一个动态方程来描述化石能源的 EROI 在开发利用生命周期内的动态变化趋势[15]。在累计产量不断增加的过程中，EROI 值呈现先上升后下降的趋势，反映了化石能源 EROI 的变化是能源品质下降与开发利用技术进步之间博弈的过程。在化石能源开发利用的初期，EROI 随着化石能源累计产量的增加而快速上升，直到达到最大值后开始缓慢下降，最终跌至最小 EROI 处(理论上来说为 EROI=1∶1 时，实际上由于社会稳定等因素，往往高于 1∶1)。EROI 动态函数中的影响因素有两个，分别为技术进步与化石能源品质递减。其中，技术进步使能源投入不变的情况下产量快速上升，从而进一步带动 EROI 上升；而累计产量增加加重了资源耗竭程度，使得 EROI 下降。Dale 在其研究中进一步指出，在能源开采利用初期，优质易采的能源首先被开发，此时技术进步阻碍不大，技术进步的速度快于资源的耗竭速度使得产量快速增加，EROI 也随之上升；随着累计产量的增加，在化石能源产量达到产量峰值时，能源品质开始下降，技术进步逼近“天花板”，资源的耗竭程度愈加明显，产量将不能再上升，此时化石能源的资源耗竭速度加快，导致开发利用需要更多能源投入，最终 EROI 开始进入一个不可逆的下降过程。

5. EROI 金字塔假设

Lambert 和 Hall 构建了一个能源 EROI 金字塔模型(图 2.7)，其类似于著名的马斯洛需求理论[7]。其基本思想是当人类在开发利用能源时，首先要保障的是衣

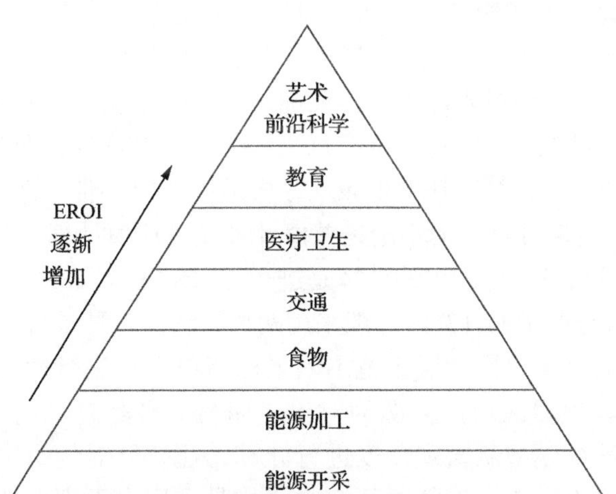

图 2.7 能源 EROI 金字塔模型

食住行等基本生理需求，其次才是满足教育、艺术文化等精神需求。当一个能源系统的 EROI 过低时，能源的使用并不能供应足够的净能源，则精神层面和着眼于长远的需求往往得不到满足。因此，从一定程度上来说，一个国家或地区所使用的能源 EROI 越高，则这个国家或地区的居民生活越幸福。

另外，还有相关学者证明了一国的 EROI 与该国的人类发展指数之间有紧密的正相关关系。人类发展指数从人类社会生存条件和经济发展的角度出发，综合考虑了各种指标作为衡量维度，包括寿命、受教育机会、生活水平、生存环境和人权自由程度等方面，得出一个综合性质的指标来衡量一个国家综合国力和人类生存环境。Lambert 等利用经验实证的研究方法对多个国家的能源系统 EROI 与人类发展指数的关系进行研究，发现二者具有极强的关联性，即某个国家能源系统的 EROI 越高，则这个国家的人类发展指数越高[7]。Lambert 发现，人类发展指数水平大于 0.949 的国家 EROI 值较高，并且人均能耗低于其他国家；同时，还得出某些国家的 EROI 越高，其在教育、医疗、艺术和儿童权利保障方面的支出占比明显较大，进而得出了 EROI 金字塔模型，即较高的 EROI 代表有更多的净能源可以满足高层次的人类精神活动，有利于经济社会可持续发展。

2.3　净能源分析模型构建

2.3.1　一般微观计算方法

利用净能源分析方法分析能源生产过程时要把握好研究意义与可操作性之间的平衡。传统的化石能源净能源分析针对的都是能源开采边界，随着统计方法的进步和数据的公开，净能源分析的边界也存在了适度扩展的可能。为了使研究结果更加准确，本研究在保证投入产出数据准确、真实、可获得的情况下，适度拓展研究的边界和层级，对能源系统进行更有意义的 EROI 和净能源分析。不论是 EROI 评价还是净能源产出的计算，基本步骤及方法是相同的，唯一的不同是净能源是差值计算而 EROI 是比值计算。但不论是差值计算还是比值计算，其研究对象都是能源投入与产出，因此投入与产出的计算是进行 EROI 评价和净能源分析的关键。

进行能源投入与产出的计算时一般采用两种方法，一种是自下而上(bottom-up)的计算方法，即在一定边界和层级范围内采用清单方法进行微观层面计算，往往是以某一地区或者项目区块的能源为对象；而另一种是自上而下(up-down)的计算，即采用综合系统模型从宏观角度进行计算，往往针对的是国家或者产业的宏观估计。在最初的 EROI 和净能源研究中，均是采用自下而上的模型，这种模型的优点是简单易懂、边界清晰，往往能够帮助研究者深化对 EROI 和净能源的理解，并且可以进行准确而细致的分析，因此建议初学者采用此方法。特别需要说明的是，如果进行微观净能源分析的对象是非化石能源，则一定要考虑项目生命周期内的总投入和总产出，这主要是因为非化石能源的项目投入大部分集中在项目建设时期，项目运行时的成本和费用相对于建设投资来说较低，因此如果只考虑项目生命周期的前期，会导致生命周期内总投入减少，同理，只考虑项目后几年则会忽略项目前期建设的投入。

微观模型自下而上进行净能源分析的计算过程如表 2.1 所示，其中 EROI 或净能源分析的基本计算公式、类型、层级和边界的确定如前文所述。一般研究中计算 EROI 的公式为

$$\mathrm{EROI}=\frac{\sum_{i=1}^{n}E_i^{\mathrm{o}}}{\sum_{i=1}^{n}E_i^{\mathrm{I}}}=\frac{\sum_{i=1}^{n}E_i^{\mathrm{o}}}{\sum_{i=1}^{n}E_{\mathrm{direct},\,i}^{\mathrm{I}}+\sum M_i\cdot\sum_{i=1}^{n}E_{\mathrm{indirect},\,i}^{\mathrm{I}}} \tag{2.6}$$

式中，$\sum_{i=1}^{n}E_i^{\mathrm{o}}$ 和 $\sum_{i=1}^{n}E_i^{\mathrm{I}}$ 分别为第 i 种能源的能源产出和能源投入的热当量；$\sum_{i=1}^{n}E_{\mathrm{direct},\,i}^{\mathrm{I}}$ 为 i 种直接投入的热当量总和；$\sum_{i=1}^{n}E_{\mathrm{indirect},\,i}^{\mathrm{I}}$ 为 i 种间接投入的热当量总和；$\sum M_i$ 为 i 种间接投入的转换系数。

净能源产出的具体计算公式如下：

$$\text{净能源产出}=\sum_{i=1}^{n}E_i^{\mathrm{o}}-\left(\sum_{i=1}^{n}E_{\mathrm{direct},\,i}^{\mathrm{I}}+\sum M_i\cdot\sum_{i=1}^{n}E_{\mathrm{indirect},\,i}^{\mathrm{I}}\right) \tag{2.7}$$

表 2.1　EROI 评价和净能源分析步骤[16]

步骤	过程
步骤一：确定研究对象	首先明确分析对象的类型，如是化石能源还是非化石能源；然后明确所要分析的 EROI 类型，如全生命周期型或时间序列型(主要依据基础数据和研究目的)
步骤二：创建流程图并识别系统边界	Murphy 等和 Hall 在绘制复杂系统的 EROI 分析流程图时，推荐尽量使用简洁易懂的符号绘制能源系统流程图[17,18]。流程图中应包括所有直接、间接的能量流动，并且明确用于分析的边界和层级
步骤三：识别系统内能源投入和产出	识别系统内各个阶段的能量流入、流出和损耗。例如，当研究对象为区块项目时，可参照物料平衡表和经济性指标；当研究国家层面时，可参照投入产出表或能源平衡表
步骤四：识别转换不同单位能源	无法获得直接投入或产出的能源形式数据时，通常需要通过合理的折算将其换算为物理能源单位的数据，如 MJ。目前常用的换算方法主要有三种，一是通过其隐含的太阳能能值转换为物理能量单位，二是通过烟衡量能源的做工能力并将其转化为物理能量单位，三是通过热值转换为能源单位

续表

步骤	过程
步骤五：计算	做比计算 EROI 和做差分析净能源产出，并对结果做横向不同能源之间比较或纵向时间维度的变化趋势分析
步骤六：结果分析	一般而言，可按照如下内容对结果进行净能源分析：直接能源投入和间接能源投入对比；对投入数据的不确定性进行敏感性分析，找出对结果影响最大的投入或产出数据；横向不同能源对比或纵向时间跨度对比，并预测 EROI 趋势

在实践中计算 EROI 和净能源产出时，式(2.6)和式(2.7)中的能源投入的形式多种多样，因此为了便于计算，需要将不同形式的能源投入客观地转换成统一的物理能量单位。目前学术界对于不同形式的投入和产出的折算方法主要有三种，三种方法中的一个重要环节就是如何确定转换系数 $\sum M_i$ 。现将三种方法分别介绍如下。

1. 能值加总法

早在 20 世纪，Odum 提出了能值理论，认为地球上所有的物质都含有能源，这些能源的来源都可以追溯到太阳能，它们包含的太阳能量的大小称为太阳能值[18]。其中，能源的太阳能值等于能值转化率与热当量的乘积，若一个物质的太阳能值越大，则说明该物质内隐含的太阳能越多，真正的价值就越大，即使这些物质有着很低的价格。能值加总法可以将不同能源转换为具有相同性质的能值，使得能源之间具有相同的衡量标准。这为将一些物理和化学理论与人类社会发展结合奠定了分析的基础。

能值理论将不同形式的物质所隐含的能源统一用太阳能值作为基本的物理单位，对于物质被自然赋予的价值有了统一的衡量标准，揭示了物质的真实价值，并且让这些表面上无法比较的物质有了可以比较的方法。但是在应用过程中，太阳能值转换率的取得是最大难点所在。此外，能值理论始终不能很好地处理真实隐含太阳能能值的价值与经济价值之间的区别与联系，导致采用能值理论进行经济分析时没有强有力的理论论述基础。综上所述，虽然能值分析方法将很多无法统一单位的产品与服务纳入统一评价体系，但总体上方法过于简化，能值获取难度过大，容易产生误导和评估结果不可比等缺陷，因此能值分析方法的应用需要谨慎对待。尽管如此，其仍然具有重要的理论意义，在具体应用时需要将理论与实践紧密结合起来综合考虑。

2. 㶲加总法

㶲是一种用来衡量不同性质能源载体质量的物理量。㶲定义为系统在达到平衡态过程中做功的能力，通常将标准温度和压力下的大气称为平衡态[19]。不同的能源类型㶲值是不同的，㶲概念的提出为研究者提供了一种基于物理性质的对于能源品质的客观定义：由于能量密度差别较大，1kg 石油比 1kg 煤可以完成更多的工作或者做更多的功，因此石油的㶲高于煤的㶲。但应该注意的是，虽然在一般的研究中能源价格常常被用来描述能源品质的差异(贵即是好)，但㶲的概念可以更加客观地认识能源品质的本质，并且可以与能量密度和能源价格相结合来调整不同能源的品质。这主要是由于能源价格等经济数据往往不具有稳定性(如通货膨胀)并且常常受到主观因素的影响，而㶲的提出可以很好地避免这些问题。尽管如此，㶲分析忽略了能源开发利用过程中重要的投入要素(如资本和劳动力)[20]，因此仍然不能体现能源对于经济发展的意义，并且不能将能源的环境外部性和可持续发展的意义体现出来。

3. 能源强度加总法

一般而言，能源开发利用过程中资本设备、其他能源或材料的投入，其价格和成本等经济数据是较为容易获取的相对客观数据。因此，在净能源分析时，往往通过投入的成本或价格等经济数据间接地将其转换为能源单位的投入，如将人民币转换成千焦。绝大部分现有的研究在货币单位转换为能量单位时，最直接的方法是使用能源强度值作为转换因子，即单位 GDP 能耗，表示一个国家在一定时期内生产单位 GDP 的能源消耗量(如千克标准煤每万元 GDP)。一般而言，当有物料的直接转换因子时，可以使用该系数将物料间接投入转化为热值；当没有物料的直接转换因子时，通过货币价值和能源强度来间接转换。通过整理相关文献[21-29]，本研究综述了 EROI 评价和净能源分析中典型常用的转换因子及其出处(附录 A)，以便在微观层面进行净能源分析。

2.3.2 系统宏观计算方法

18 世纪法国重农主义学派创始人魁奈(1694～1774)的代表作《经济表》就是系统思考的经典之作[30]。《经济表》作于 1758 年末，当时只有凡尔赛宫少量印刷。魁奈在净产品的概念下，研究了生产领域的剩余价值；将当时经济活动中的参与者分为三个阶级，分别为从事农业生产的阶级、对农业生产的净产品有占有权的阶级、从事工商业的阶级，并且依据经济活动中钱的流向来反向追踪净产品的诞生过程。《经济表》实际上是资本主义社会财富的生产、流通、分配的运行过程的简明图示说明，其为后代经济学家所称道的那些重要理论思想，如执简以繁原则、宏观分析方法、均衡理论、剩余价值理论等重要理论思想有启发意义，其中用数理方法系统研究宏观经济的方法甚至启发了 Leontief 的投入产出表的诞生[31,32]。依据今天的经济理论来看，虽然《经济表》中一些基本假设和理论不尽详确，但其对经济理论的研究是一个很大的贡献。

魁奈在《经济表》中通过追踪货币的流向与流量来思考宏观经济系统极有开创意义，生态物理经济学研究者 Odum 提出了类似的观点[18]，他认为货币的流向和流量背后代表着隐含能的反向流动。由于人类的所有经济活动都是基于能源的利用，因此研究能源在宏观经济中的作用更有意义也更加客观。Odum 的假设最终被 Bullard 和 Herendeen[33]、Costanza[34]的经验研究所证实：Bullard 和 Herendeen 首次提出隐含能的概念，并且指出隐含能主要指的是被纳入或体现于产品与服务之中，直接或间接消耗的能源量；Costanza 使用隐含能（Embodied Energy）一词描述一种商品或服务中隐含的总能源成本；Costanza 借助隐含能的概念和方法，通过对宏观经济背后能源流向和流量的研究，发现经济活动中的服务或商品中隐含的能源与其货币价值之间有很强的经验统计上的关系。

综合上述杰出研究者的研究成果来看，隐含能源与货币流动有着很强的联系，一旦这种联系被打破，如能源的供应无法满足通过债务等金融工具超发的记账货币所对应的经济活动，那么经济系统就会因为失去了能源的支撑而不再稳定。假设经济系统创造每单位货币的 GDP 需要一定数量的能源供应，而这些能源供应又需要投入能源来生产，把某个国家或地区的所有能源生产部门开采、转化和利用过程中所需要的能源看作能源投入，这部分能源投入也是在整个系统中各个部门直接流动的。如果采用自下而上的方法来计算，则会由于数据不足或千丝万缕的部门间关系而导致统计遗漏或重复计算。从宏观层面来说，能源投入的计算需要宏观但是能够准确体现各个部门之间投入产出关系的数量计算模型，如基于投入产出表的投入产出分析模型（Input-Output Model）。

投入产出分析模型是由诺贝尔经济学奖获得者 Leontief 于 20 世纪 30 年代提出的，主要用于分析经济系统中存在交换关系的各部门之间投入产出数量关系[35]，是一个反映投入产出系统思想的数量行列矩阵，可用于计算经济系统中各部门之间的消耗关系。因此，投入产出表也可以被用来计算能源部门用于生产、转化和利用能源所需要的能源投入。目前投入产出模型可以分为价值型投入产出表和实物型投入产出表，由于价值型投入产出表以货币为计量单位，不仅能够使用统一的单位描述各部门产品的价值流向和流量，也能够通过一定的转换手段描述各部门之间的实物交流过程，因此价值型投入产出表是目前学术界应用较多的一种投入产出表（图 2.8）。

在实际应用投入产出表建立投入产出模型时，可以使用按横行建立的投入产出模型和按竖行建立的投入产出模型，也可同时交叉使用，从产品的使用价值方面反映各个部门之间的相互联系。其中，按横行建立的数学模型反映了各部门产品的生产与分配的使用情况，最终描述了部门产品与总产品之间的数量平衡关系；按竖行建立的数学模型反映了各部门产品的价值形成过程、生产与消耗之间的平衡过程。

		中间使用					最终产品	总产值
		部门 1	部门 2	⋯	部门 n	小计		
物质消耗	部门 1	x_{11}	x_{12}	⋯	x_{1n}	E_1	y_1	x_1
	部门 2	x_{21}	x_{22}	⋯	x_{2n}	E_2	y_2	x_2
	⋮	⋮	⋮	⋱	⋮	⋮	⋮	⋮
	部门 n	x_{n1}	x_{n2}	⋯	x_{nn}	E_n	y_n	x_n
	小计	C_1	C_2	⋯	C_n	C	y	x
新创造价值	劳动报酬	v_1	v_2	⋯	v_n	v		
	纯收入	m_1	m_2	⋯	m_n	m		
	小计	N_1	N_2	⋯	N_n	N		
总产值		x_1	x_2	⋯	x_n	x		

图 2.8　价值型投入产出表

以按横行建立的模型为例，假设各个部门创造的产值满足如下平衡关系：

$$
\begin{aligned}
x_{11}+x_{12}+\ldots+x_{1n}+y_1&=x_1\\
x_{21}+x_{22}+\ldots+x_{2n}+y_2&=x_2\\
&\vdots\\
x_{n1}+x_{n2}+\ldots+x_{nn}+y_n&=x_n
\end{aligned}
\tag{2.8}
$$

式(2.8)可以整理为如下形式：

$$\sum_{j=1}^{n}x_{ij}+y_i=x_i(i=1,2,\cdots,n) \tag{2.9}$$

若假设 $\boldsymbol{A}$ 为直接消耗系数矩阵(技术系数矩阵)，其表达式如下：

$$\boldsymbol{A}=\begin{bmatrix} a_{11} & \cdots & a_{1j} \\ \vdots & \ddots & \vdots \\ a_{i1} & \cdots & a_{ij} \end{bmatrix} \tag{2.10}$$

式中，a_{ij} 为直接消耗系数，也称为技术系数，代表部门 j 生产 1 单位的产品所必须消耗的部门 i 的产品的数量。

其计算表达式如下：

$$a_{ij}=\frac{x_{ij}}{x_j} \tag{2.11}$$

若假设 $\boldsymbol{X}=\left[x_1,x_2,\cdots,x_n\right]^{\mathrm{T}}$，$\boldsymbol{Y}=\left[y_1,y_2,\cdots,y_n\right]^{\mathrm{T}}$，则在基本的投入产出表模型中，$\boldsymbol{X}$ 表示一个经济体的总产出，也可以表示为中间消费 $\boldsymbol{AX}$ 和最终消费 $\boldsymbol{Y}$ 之和：

$$\boldsymbol{AX}+\boldsymbol{Y}=\boldsymbol{X} \tag{2.12}$$

根据线性代数基本定理，假设 $\left|\boldsymbol{I}-\boldsymbol{A}\right|\neq 0$，则式(2.12)又可以变换为如下形式：

$$\boldsymbol{X}=(\boldsymbol{I}-\boldsymbol{A})^{-1}\boldsymbol{Y}=\boldsymbol{BY}=\begin{bmatrix} B_{11} & \cdots & B_{1n} \\ \vdots & \ddots & \vdots \\ B_{n1} & \cdots & B_{nn} \end{bmatrix}\boldsymbol{Y} \tag{2.13}$$

式中，矩阵 $\boldsymbol{B}$ 或 $(\boldsymbol{I}-\boldsymbol{A})^{-1}$ 称为里昂惕夫(Leontief)逆矩阵，表示 i 部门生产单位产品直接和间接需要的 j 部门的产品。

假设 y_j 是能源部门的最终需求向量。因此，能源部门所需要的隐含能源用矩阵元素可以表示为

$$E_{\text{embodied}}=\sum_{j=1}^{n}\left(\sum_{i=1}^{n}e_iB_{ij}\right)y_j \tag{2.14}$$

式中，E_{embodied} 为能源部门消耗的总的隐含能(万 tce①)；$\sum\limits_{i=1}^{n}e_iB_{ij}$ 为完全能耗系数，即 j 部门单位产品直接和间接消耗的能源总量，表示如下：

$$e=\sum_{i=1}^{n}e_iB_{ij} \tag{2.15}$$

式中，e_i 为 i 部门的直接能耗系数(单位产值直接能耗)。计算公式为

$$e=i\,\text{部门能源消费量}/x_i \tag{2.16}$$

根据 EROI 和净能源的计算公式，在宏观层面能源部门消耗总的隐含能就是能源生产过程中的直接能源投入和间接能源投入。因此，宏观系统 EROI 的计算公式变换为

---

① tce，吨标准煤当量也称吨标煤，每吨标准煤热值当量为 29307000kJ，1.4286tce 等于 1toe。

$$\text{EROI} = \frac{\text{能源产出}}{\text{能源投入}} = \frac{\sum_{i=1}^{n} E_i^{\text{o}}}{\sum_{i=1}^{n} E_i^{\text{I}}} = \frac{\sum_{i=1}^{n} E_i^{\text{o}}}{\sum_{j=1}^{n}\left(\sum_{i=1}^{n} e_i B_{ij}\right) y_j} \tag{2.17}$$

式中，$\sum_{i=1}^{n} E_i^{\text{o}}$ 和 $\sum_{i=1}^{n} E_i^{\text{I}}$ 分别为第 i 种能源产出和能源投入的热当量值；$\sum_{j=1}^{n}\left(\sum_{i=1}^{n} e_i B_{ij}\right) y_j$ 为能源生产部门直接投入和间接投入的能源量总和，即投入的总的隐含能。

由此，能源部门净能源产出的计算公式如下：

$$\text{净能源产出} = \sum_{i=1}^{n} E_i^{\text{o}} - \sum_{i=1}^{n} E_i^{\text{I}} = \sum_{i=1}^{n} E_i^{\text{o}} - \sum_{j=1}^{n}\left(\sum_{i=1}^{n} e_i B_{ij}\right) y_j \tag{2.18}$$

式中，$\sum_{i=1}^{n} E_i^{\text{o}}$、$\sum_{i=1}^{n} E_i^{\text{I}}$ 和 $\sum_{j=1}^{n}\left(\sum_{i=1}^{n} e_i B_{ij}\right) y_j$ 的内涵意义与式(2.17)相同。

上述推导过程就是利用投入产出表建立的隐含能模型计算宏观层面的 EROI 和净能源产出的方法。该模型一般可以用于横向对比不同国家间整个能源系统的净能源产出水平和 EROI 水平，同时利用长期的投入产出表又可以纵向对比一个国家的 EROI 和净能源产出变化情况。在此基础上，结合投入产出表应用方式的多样性，还可以进一步分析整个能源系统对于其他部门直接的依赖关系。结合一些数据可视化的方法后，可以直观地感受不同能源部门之间的投入产出关系和能源部门与非能源部门之间的投入产出关系。由此来看，利用投入产出模型进行宏观层面的净能源分析有广泛的应用场景。

参 考 文 献

[1] 卡尔・马克思. 资本论: 第一卷[M]. 北京: 人民出版社, 2013.

[2] Cottrell W F. Energy and Society: The Relationship between Energy, Social Change, and Economic Development[M]. New York: McGraw-Hill Companies, 1955.

[3] Cleveland C J, Costanza R, Hall C A S. Energy and the U.S. economy: A biophysical perspective[J]. Science, 1984, 225(4665): 890-897.

[4] ISO Copyright Office. Environmental management-life cycle assessment-principles and framework: ISO 14040: 2006 [S/OL]. [2018-3-24]. https://www.iso.org/standard/37456.html.

[5] Hall C A S, Lambert J G, Balogh S B. EROI of different fuels and the implications for society[J]. Energy Policy, 2014(64): 141-152.

[6] David J M, Charles A H, Michael D, et al. Order from chaos: A preliminary protocol for determining the EROI of Fuels[J]. Sustainability, 2011, 3(10): 1888-1907.

[7] Lambert J G, Hall C A S, Balogh S, et al. Energy, EROI and quality of life[J]. Energy Policy, 2014(64): 153-67.

[8] Hall C A S, Balogh S, Murphy D J R. What is the minimum EROI that a sustainable society must have?[J]. Energies, 2009(2): 25-47.

[9] Mearns E. The global energy crises and its role in the pending collapse of the global economy[EB/OL]. (2017-3-5). [2018-10-06]. http://theoildrum.com/node/4712.

[10] Murphy D J, Hall C A. Year in review—EROI or energy return on (energy) invested[J]. Annals of the New York Academy of Sciences, 2010, 1185(1): 102-118.

[11] Lotka A J. Contribution to the energetics of evolution[J]. Proceedings of the National Academy of Sciences of the United States of America, 1922, 8(6): 147-151.

[12] Hall C A S. Ecosystem Modeling in Theory and Practice: An Introduction with Case Histories[M]. New York: Wiley Interscience, 1977.

[13] Odum H T. Environment, power and society[J]. American Journal of Public Health, 1970, 61(10): 314.

[14] Bashmakov I. Three laws of energy transitions[J]. Energy Policy, 2007(38): 3583-3594.

[15] Dale M, Krumdieck S, Bodger P. Global energy modeling: A biophysical approach (GEMBA) part 1: An overview of biophysical economics[J]. Ecological Economics, 2012, 73(1): 152-157.

[16] Hall C A S. The History, Future, and Implications of EROI for Society[M]//Hall C A S. Energy Return on Investment: A Unifying Principle for Biology, Economics, and Sustainability. Cham: Springer Nature, 2017.

[17] Murphy D J, Hall C A S, Dale M. Order from chaos: A preliminary protocol for determining the EROI of Fuels[J]. Sustainability, 2011, 3(10): 1888-1907.

[18] Odum H T. Energy, ecology, and economics[J]. Ambio, 1973, 2(6): 220-227.

[19] Hermann W A. Quantifying global exergy resources[J]. Energy, 2006, 31(12): 1685-1702.

[20] Hau J L, Bakshi B R. Expanding exergy analysis to account for ecosystem products and services[J]. Environmental Science & Technology, 2004, 38(13): 3768-3777.

[21] 国家统计局能源统计司. 中国能源统计年鉴(2016)[M]. 北京: 中国统计出版社, 2016.

[22] Demkin J A. Environmental Reserouce Guide[M]. Hoboken: John Wiley and Sons, 1996.

[23] Ruth M. Thermodynamic constraints on optimal depletion of copper and aluminum in the United States: A dynamic model of substitution and technical change[J]. Ecological Economics, 1995, 15(3): 197-213.

[24] Arvind T. Energy use, loss and opporutnities analysis[R]. North Potomac: U.S. Department of Energy, 2004.

[25] University of Waterloo. Canadian raw materials database[DB/OL]. (2018-12-8). [2019-03-04]. http://crmd.uwaterloo.ca/index.html.

[26] Coursol P, Mackey P J, Kapusta J P T. Energy consumption in copper smelting: A new Asian horse in the race[J]. JOM, 2015, 67: 1066-1074.

[27] Charles P, Milton E, Wadsworth. An assesment of energy requirements in proven and new copper processes[R]. Washington: U.S. Department of Energy, 1980.

[28] Brown M T, Herendeen R A. Embodied energy analysis and EMERGY analysis: A comparative view[J]. Ecological Economics, 1996, 19(3): 219-235.

[29] Office of Energy Efficiency and Renewable Energy. Mining industry of the future: Energy and environmental profile of the U.S. mining industry[R]. Washington: U.S. Department of Energy, 2002.

[30] Charles L. The visual history of the Tableau Economique[J]. European Journal of the History of Economic Thought, 2003, 10(4): 527-550.

[31] Leontief W W. Input-output economics[J]. Operational Research Quarterly, 1951, 185(4): 15-21.

[32] Meek R L. The Economics of Physiocracy[M]. Cambridge: Harvard University Press, 1963.

[33] Bullard C W, Herendeen R A. The energy cost of goods and services[J]. Energy Policy, 1973, 3 (4) : 268-278.

[34] Costanza R. Embodied Energy, Energy Analysis, and Economics[M]//Energy, Economics, and the Environment. New York: Westview Press, Boulder CO, 1982.

[35] Leontief W. Quantitative input-output relations in the economic system of the U.S.[J]. Reviews of Economies and Statistics, 1936, 18 (3) : 105-125.

第 3 章　净能源对经济发展的影响

从政治经济学的角度来看，经济发展取决于社会化生产不断扩大，而扩大再生产的基础是每年都有剩余价值的积累，只有存在剩余价值产出的积累才能为下一次生产规模的扩大而投入。对于能源系统来说，剩余价值的产出就是净能源的产出，只有剩余能源，即净能源保质保量的产出，才能有额外的能源支持扩大再生产的经济活动。由此可以看出，剩余能源产出支撑的扩大再生产是经济发展的基础保障。本章重点解决以下问题：首先判断中国能源系统净能源产出情况及 EROI 的变化趋势，然后分析净能源与经济发展的关系。

3.1　净能源产出对经济发展影响模型构建

3.1.1　净能源与经济发展的关系

在各种经济学派中，探究财富增长的机理一直是研究的重点，这个话题既古老又年轻。早在古希腊时期，梭伦、色诺芬、亚里士多德等哲学家对奴隶制经济如何发展就有所思考。古典政治经济学家亚当·斯密将经济增长的研究推向了一个巅峰，其在著作《国富论》中论述劳动分工时，以“规模递增”解释了经济增长的逻辑。随后古典主义经济学家马尔萨斯根据经验主义及数学推理，得出著名的“马尔萨斯陷阱”，他认为粮食、农业、工业增长呈现边际递减规律，而人口增长则呈现指数级增长，二者的冲突必然导致人类面临增长极限。在观点上与马尔萨斯始终针锋相对的大卫·李嘉图通过对《国富论》中核心理论——劳动价值论的研究，强调收入分配与经济增长的联系，他关于经济增长的思想体系建立在其提出的边际生产力递减规律基础上。他运用这一规律形成级差地租理论、分配理论、比较优势理论，并发展了资本积累理论，从而形成了关于经济增长长期趋势的思想。卡尔·马克思在上述这些研究的基础上进一步提出了剩余价值理论，提出剩余价值的扩大再生产是经济增长的根本原因。

亚当·斯密、大卫·李嘉图、卡尔·马克思等引领的对于经济社会发展的思潮此起彼伏，但经济规模始终处于较低水平。直到工业革命以后，经济社会才开始进入增长快车道，生产力空前发达，“马尔萨斯社会形态”似乎一去不复返，生产资料长期处于供不应求状态，此时关于经济增长的研究重点转向了以生产资料为主的投入要素理论。1947 年，罗伊·F·哈罗德爵士和埃弗西·多马两位英国经济学家聚焦于资本和劳动来解释经济增长，构建了哈罗德-多马模型。他们认为，经济增长取决于反映全社会投资水平的储蓄率和反映生产效率的资本产出比(经济增长率=资本积累率÷资本产出比)。但是，哈罗德-多马模型的解释过于简单，储蓄能够有效转化为投资这种现象在一些发展中国家并不多见；另外，该模型没有考虑技术进步带来的生产力和生产率的增加。1980 年，保罗・罗默论证了技术的内生性，开创了内生增长理论，将技术进步与经济增长直接联系了起来。

经过长期的研究，大部分经济学家认为劳动力、资本和技术是影响经济增长的重要因素。美国数学家柯布(Cobb)和经济学家保罗・道格拉斯(Paul Douglas)根据 1899～1922 年美国的资本和劳动对生产的影响，在技术经济条件不变的情况下，得出了经济产出与投入的劳动力和资本的关系，进一步发展出 Cobb-Douglas 生产函数，即新古典主义经济学家经常使用的 CD 生产函数[1]：

$$Y = f(K,\ L) = A_0(t)K^k L^l \tag{3.1}$$

式中，Y 为总产值；$A_0(t)$ 为综合技术水平；L 为投入的劳动力；K 为投入的资本；k 为劳动力产出的弹性系数；l 为资本产出的弹性系数。

Barnett 和 Morse 发表的一篇颇具影响力的论文支持了这一观点[2]。他们发现，经购买力调整的多数原材料价格往往不会随着时间的推移而上涨，他们将其解释为技术补偿。因此，在供不应求情况下导致的高价格让生产成本似乎不那么重要，相对丰富的自然资源从来不是 Cobb-Douglas 生产函数中投入要素的一部分。重要的新古典主义经济学家 Solow 在 20 世纪中叶撰写有关财富起源的文章时，认为资本似乎比土地或劳动力重要得多。Solow 认为资本(固定资产为主)是财富增长的主要决定因素，20 世纪 50 年代，Solow 甚至将劳动力从等式中去掉，称财富主要来自资本投入[3]。之后，Solow 对经济增长的模型进行分析，在劳动、资本之外还发现了“Solow 残余”，即技术之于经济增长的价值。Solow 认为，87.5%的经济增长都与技术有关。

20 世纪 60 年代之后，随着信息技术革命开启，技术进步带来的冲击已经显而易见。经济学家们开始不满足于 Solow 残余的简单解释。Heathfield 和 Denison 对 CD 生产函数进行了全面的实证评估后，发现资本和劳动力的增长只能解释经济增长的一半左右，因为在评估时总是发现大量的残差。也就是说，大约一半的经济增长不能用劳动力或资本的增长来解释，Heathfield 和 Denison 等同 Solow 一样将其归因于技术创新[4]。但 Kümmel 研究第二次世界大战后几十年商品经济在美国、德国和日本是如何运行时，发现能源实际上比资本或劳动更重要，这主要是因为机器大量地取代了人力[5]。换句话说，当 Kümmel 将能源作为投入要素添加到 CD 生产函数中时，无法解释的剩余残差消失了。在解释这些国家的经济增长时，能源甚至比资本或劳动力的作用更强大。

第二次世界大战之后，大量优质低廉的能源投入经济活动中，激活了大量的机器设备，提高了生产力，创造了大量的剩余价值，解放了空前的劳动力，让人类劳动更多地投入科学创新的研究中，因此能源的重要作用是不能忽略的。物理学家 Ayres 和 Warr 对能源进行了类似的分析，得出了类似的结论：能源及其使用方式是维持经济增长的关键问题[6]。随后大量的经济学家将能源作为投入要素，对 CD 生产函数又进行了调整：

$$Y = f(K,\ L,\ E) = A_0(t)K^k L^l E^\gamma \tag{3.2}$$

式中，E 为能源；γ 为能源的弹性系数；其他各项含义同式(3.1)。

美国著名生态学家 Odum 及相关研究者就认为自然界中的一切物质都可以用能值单位(太阳能焦耳)来衡量，因为一切物质实际上都隐含了原始能源(太阳能、核能、地热能)，化石能源的利用就是将储存在化石能源中的原始能源进行转化加工。而资本引导着基本生产活动，生产活动又需要消耗能源，因此资本的投入也是相应的能源投入，金钱资本流动的背后代表着反向的能源流动。然而，化石能源不是“免费的礼物”，不能像货币或者信贷一样“信手拈来”。随着化石能源产量达到峰值，能源生产、转化和运输过程中能源投入快速增加，最终都将导致供给经济系统所使用的净能源产出的减少。早期的能源经济学理论能够适用于能源供应充足和能源开采成本相对较低的时期，此时只从需求侧关注能源消费对于经济增长的影响，不需要关注能源生产中有多少剩余能源。20 世纪 70 年代石油危机后，石油峰值理论兴起，能源开采成本快速上升，全球范围内化石能源的 EROI 普遍呈现下降趋势。如果这种趋势继续延续，化石能源生产部门的能源投入将继续增加，导致能源系统的净能源生产效率降低，能供给经济社会发展所需要的剩余能源就减少。当技术进步掩盖不了剩余能源不足而导致生产力下降时，经济增长将陷入长期停滞。这就不难解释为什么在能源表观消费量不断增长的背景下，经济增长速度却在放缓，其背后的真正原因是净能源供应的减少，即能源系统供应的剩余能源不足。如果忽略净能源的重要作用，则原来适用的促进经济增长的新古典经济理论可能不适应未来的能源经济发展甚至会阻碍经济的增长[7,8]。

关于剩余理论的研究者中最著名的就是卡尔·马克思，在他伟大的剩余价值论中，认为价值是体现在商品中无差别的人类劳动的抽象概念，劳动是价值的唯一源泉，劳动创造的剩余价值被剥削阶级转化为资本后，其中有一部分用于下一年度的扩大再生产，扩大再生产后获得的剩余价值比上一年多，如此往复，形成正反馈循环，达到财富增长的目的。但是，马克思所在的时代化石能源没有大规模使用，人力劳动和畜力劳作依然是社会运转的主要能源来源，因此马克思进一步将对剩余价值的剥削转化为对工人阶级的剥削，进一步研究阶级之间的关系。而人的劳动分为体力劳动和脑力劳动，如果把人的体力劳动也假设为是能源的一种，当化石能源大量使用之后，原来依靠使用大量体力劳动的劳动密集型的产业开始使用消耗化石能源的机器设备，由劳动创造的剩余价值逐渐变为消耗能源的机器设备创造的剩余价值，凝结在商品中无差别的劳动力更多地变为无差别的能源，体力劳动创造的剩余价值逐渐变为能源消耗创造的剩余价值，商品价值中凝结的无差别劳动力越来越少，凝结的能源越来越多。因此，从更加客观的角度出发，化石能源的大量使用在一定程度上削弱了第二次世界大战前后的尖锐的阶级对立，但是剩余能源价值的重要性并没有变化，从剩余能源价值的角度更能揭示化石能源大量使用对于财富积累的关键作用。

剩余能源，即净能源比表观一次能源更能解释经济增长的研究不乏先例。Cleveland 研究发现，在高度发达的后工业化国家，表观能源消费与 GDP 的数学关系开始变得不那么紧密，少部分国家出现了解耦现象[8]。但 Cleveland 探究了“能源盈余”对经济发展的作用，Zoghi 等发现当用“能源盈余”代替表观能源消费作为能源投入要素计算时，大部分发达国家的能源消费与 GDP 解耦现象就会消失[9]。Willem 和 Cooper 认为净能源才是真正支持经济发展的能源，并依据不同化石能源 EROI 递减速度的不同建立了净能源型生产函数[10]。如果将净能源作为与资本和劳动力相同的经济增长的投入要素之一，则多要素净能源型生产函数可表示为如下形式：

$$Y = f(K,\ L,\ E_{\text{net}}) = A_0(t)K^k L^l {E_{\text{net}}}^{\gamma} \tag{3.3}$$

式中，E_{net} 为净能源；γ、k 和 l 分别为各项投入要素的弹性系数。

在净能源与经济增长的关系研究中，一些学者认为在研究净能源与经济增长的关系时，劳动力和资本等投入要素可以被净能源所替代，因为劳动力和资本的投入本质上都代表着能源的消费，只不过是表现形式和单位数量上的不同而已。为了研究净能源对经济增长的作用，Willem 和 Cooper 假设其他要素在一定程度上可以被能源所替代，给出的原因是资本和劳动力的投入始终与能源使用息息相关，并且认为资本投入的背后代表的是能源的使用，而能源的大量消费替代了体力劳动[10]。在资本和劳动力这些投入要素被转化为能源的内生变量后，净能源型生产函数建立了起来，实际上就是用净能源代替一切剩余价值的投入，具体表示如下：

$$Y = A_0 \mathrm{e}^{\alpha t} \sum_i \left[\mu_i(t) E_{\text{th},\,i} - \delta_i(t, E_i) \right]^{\gamma} \tag{3.4}$$

式中，$A_0\mathrm{e}^{\alpha t}$ 为生产力；α 为增长指数；t 为以年为单位的时间变量；$E_{\text{th},\,i}$ 为 i 能源总的消费量；$\mu_i(t)$ 为类型 i 能源的使用效率；$\delta_i(t, E_i)$ 为 i 能源的生产部门的能源投入，即为获得净能源所需要的直接和间接能源投入；γ 为净能源的弹性系数。

式(3.4)中，$\mu_i(t)$可以用 Logistic 曲线表示长期变化趋势，表示随着技术的进步和能源结构的转型，能源效率增长速度由缓慢到快速再到缓慢的增长形式。$\mu_i(t)$可以进一步分解为用μ_0、μ_1、c、t_0等变量表示的 S 形曲线。之所以要对能源效率进行考虑，主要是因为能源效率与一般能耗指标不同，它一方面是能源消费侧的技术进步所带来的使用效率的提升，如节能降耗技术和需求侧智能管理技术等；另一方面，效率的提高也来自能源供应技术的进步，如在火力发电中增加高效率的天然气联合循环发电厂的使用，这能在提供额外能源产出的同时降低成本、减少投入。

设式(3.4)中的$\delta_i(E_i,t)$表示整个能源系统用于生产和加工转化一次能源的总投入，$E_{\text{th},i}$为总一次能源供应，则$\mu_i(t)E_{\text{th},i}-\delta_i(E_i,t)$表示净能源，即能源产出与能源投入之差。根据净能源、EROI 与总能源供应之间的数量关系[净能源=总能源×(1–1/EROI)]，净能源型生产函数中能源投入可以由总一次能源供应与 EROI 表示。将 Logistic 曲线形式后净能源型生产函数变形为

$$Y=\text{GDP}=A_0\mathrm{e}^{\alpha t}\left\{\left[\mu_0+\frac{\mu_1}{1+\mathrm{e}^{-c(t-t_0)}}\right]E_{\text{th},i}-\frac{E_{\text{th},i}}{\text{EROI}}\right\}^{\gamma} \tag{3.5}$$

根据 1987～2015 年历史数据，利用线性规划将式(3.5)中的未知参数求出，得到的参数如表 3.1 所示。将表 3.1 中的参数代入净能源型生产函数后，发现实际 GDP 与估计 GDP 的数值吻合度较好。

表 3.1　净能源型生产函数中参数的估计值

μ_0	μ_1	c	t_0	A_0	α
0.642	0.614	0.009	2100	0.075	0.428

当把净能源作为唯一投入要素时，净能源的生产效率 EROI 对于经济发展有重要的影响。为了满足经济发展所需要的净能源，在 EROI 水平不高的情况下，需要耗费大量的能源来供应净能源，造成过多的能源在能源系统内循环，留给经济社会发展所用的净能源过少，不利于可持续发展；而当 EROI 水平较高时，仅需要很少的一部分能源投入就可以生产较多的净能源，经济社会能够获得充足的剩余能源以进行生产再扩大，以达到经济发展的目的。

3.1.2　能源支出

关于 EROI 与经济发展的关系可以用前文中 EROI 金字塔模型来解释。当一个国家能源系统的 EROI 较高时，可以用很少的能源投入换取可观的净能源产出，

这些能源投入换算成能源支出后占总经济产出(一般为 GDP)的比例小，用于教育、医疗、艺术和科技创新的支出就多，可以进一步提高劳动生产率，从而促进经济增长。如果一个国家的 EROI 较低，那么该国需要投入更多的能源投入，即花费更多的能源支出用来生产净能源，此时用于教育、医疗、艺术和技术创新的支出就少，直至所有的净能源仅能维持衣食住行等基本生活需求，经济将陷入不可持续发展。本书作者由 EROI 金字塔模型引申出了能源支出理论，具体解释为当能源支出占 GDP 比例超过一定临界值后就会引起经济发展的滞涨。Fizaine 和 Court、King 和 Hall、Lambert 等先后对此进行了研究[11-13]，并且计算了能源支出占 GDP 比例的最大临界值。但是，这些研究并没有对该理论进行深入探讨，只是简单地定性解释，认为能源支出会侵占其他方面的支出而造成经济发展滞涨。

实际上，能源支出与经济增长的关系类似于倒 U 形曲线(图 3.1)：当能源支出占 GDP 的比例在一定临界值之下时，适当地扩大能源投入能促进经济增长；当能源支出占 GDP 比例在一定临界值之上时，扩大能源支出反而会阻碍经济发展。这主要是因为以化石能源为主的能源结构中，EROI 在化石能源生命周期内呈现先上升后下降的变化。具体来说，化石能源在生命周期初期开采技术难度不大，EROI 处于持续上升阶段，投入越多回报更多，净能源生产效率持续增长。在前提条件不变情况下，每一年新增加能源支出能够获得的净能源比上一年更多，投入经济增长中的净能源就会增加。此时虽然能源支出增加了，但是由于净能源产出的增加幅度大于能源支出增加幅度，因此经济社会能获得更多的剩余能源，GDP 增长较快，并不会引起能源支出占 GDP 比例的快速上升。当化石能源处于生命周期后期时，优质廉价的化石能源被开采完全，技术进步速度抵不上资源衰竭速度，此时 EROI 开始递减，净能源生产效率逐年下降，每一年新增加的能源支出能够获得的能源产出会比上一年少，前提条件不变的情况下会引起净能源产出减少。

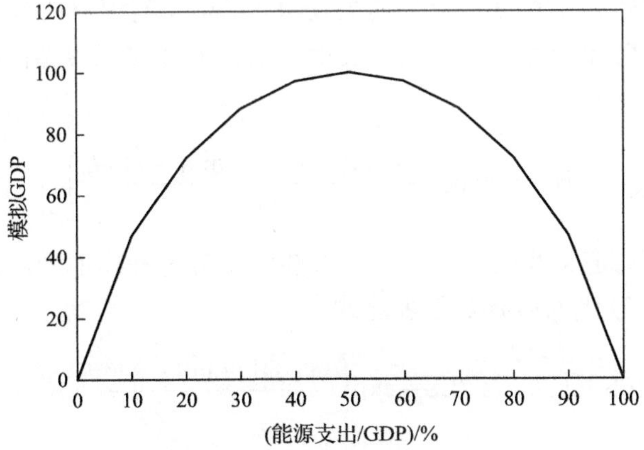

图 3.1 能源支出与经济增长的关系

此时经济系统为了获得净能源会不断加大能源投入，但是获得的净能源产出越来越少，导致 GDP 增长乏力，进一步导致能源支出占 GDP 的比例增加，当该比例突破临界值后，GDP 开始下降，此时能源支出与经济增长基本呈现负相关关系(图 3.2)。

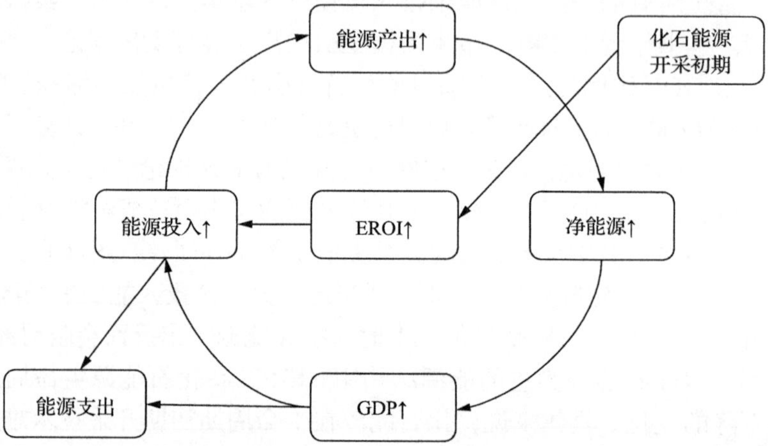

图 3.2　EROI 变化引起的 GDP 和能源支出变化

对包含净能源、劳动力和资本投入要素的生产函数[式(3.3)]进行对数化处理，这不仅将指数模型转化为便于计算的一次模型，同时也便于采用多元线性回归方式估计未知参数。对式(3.3)进行对数化后：

$$\ln Y = \ln A_0 + k\ln K + l\ln L + \gamma \ln E_{\text{net}} \tag{3.6}$$

根据多元线性规划模型参数估计方法，将净能源、劳动力、资本投入和 GDP 历史数据代入后得出未知参数 A、K、L、E 分别为 0.073、0.769、0.077、0.270。比较模拟 ln(GDP) 和实际 ln(GDP)，R 检验为 0.99，表示多元线性回归拟合良好(图 3.3)。

根据对数函数和指数函数之间的数学关系，上述多元线性回归的一般方程可进一步推导为

$$E_{\text{net}} = \exp\left(\frac{\ln \text{GDP} - \ln A - k\ln K - l\ln L}{\gamma}\right) \tag{3.7}$$

根据净能源的定义及能源投入、一次能源供应量和净能源产出三者之间的数量关系，将式(3.7)代入后有如下表达式：

$$E_{\text{Input}} = \text{TPES} - E_{\text{net}} = \text{TPES} - \exp\left(\frac{\ln \text{GDP} - \ln A - k\ln K - l\ln L}{\gamma}\right) \tag{3.8}$$

式中，TPES 为整个能源系统的产出，即一次能源供应量；E_{Input} 为能源投入。

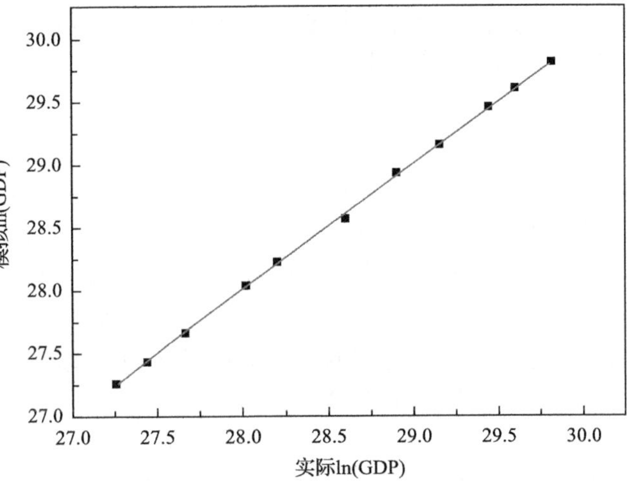

图 3.3　1987～2015 年中国实际 ln(GDP) 与模拟 ln(GDP) 线性回归结果

式(3.8)中，能源投入 E_{Input} 是经济社会为了获得净能源而必须向能源系统支付的必要支出。这部分能源投入包括直接能源投入和间接能源投入，将能源投入换算为统一的货币单位后，整个能源系统消耗的能源投入就是经济系统对于能源系统的支出。需要注意的是，能源投入与能源支出不能直接互换，能源投入以能量为单位，而能源支出以货币为单位。简单来说，能源投入针对的是能源系统，而能源支出则针对的是经济系统，二者需要通过国家能源强度或单位 GDP 能耗(也称能源强度)进行换算。二者关系式如下：

$$E_{\text{expenditure}} = \frac{E_{\text{Input}}}{I} \tag{3.9}$$

式中，$E_{\text{expenditure}}$ 为能源支出；I 为能源强度(单位 GDP 能耗)；E_{Input} 为能源投入。

式(3.9)就是一个国家或经济体能源支出的计算公式。计算得出能源支出后，更重要的是分析能源支出在当年经济产出中所占比例，然后进一步分析该比值对经济发展产生的影响。设 β 为能源支出 $E_{\text{expenditure}}$ 占经济总产出 GDP 的比例，最终能源支出在经济产出中所占比例计算公式如下：

$$\beta = \frac{E_{\text{Input}} / I}{\text{GDP}} = \frac{E_{\text{expenditure}}}{\text{GDP}} \tag{3.10}$$

式中，β 为能源支出占经济产出的比例，经济产出一般用 GDP 衡量；I 为单位 GDP 能耗，也称为能源强度。

在上述模型中，关键的问题是中国能源系统的能源投入计算。能源生产需要的投入来源广泛而复杂，如果计算整个能源生产过程的能源投入时采用一一列举的方法，极易导致数据遗漏或者重复计算。法国重农主义开创者魁奈的著述《经济表》中通过建立表模型的方式量化不同阶层之间的净产品流入/流出来研究经济运行，是早期的投入产出模型。苏联时期 Leontief 建立投入产出模型来自上而下地研究宏观经济，后来 Herendeen 首次利用投入产出表计算隐含能，并定义隐含能主要指的是被纳入或体现于产品与服务之中，直接和间接消耗的能源量[14]；Costanza 使用“隐含能”一词来描述一种商品或服务中隐含的总能源成本，该能源成本就是在生产商品或服务过程中直接消耗和间接消耗的能源。随后净能源分析的相关研究者都认同并且采用 Costanza 的定义。宏观研究中一般认为能源生产部门的隐含能消耗就是能源生产过程的直接能源投入和间接能源投入，即 EROI 中的能源投入，同时对于经济系统来说就是能源支出。

通过投入产出表计算中国能源生产部门的隐含能消耗，并假设这部分隐含能就是能源系统的能源投入，进一步计算中国能源系统的能源支出和 EROI。其具体的计算模型见 2.3.2 节中自上而下计算模型。在计算得出能源部门的能源投入的基础上，通过能源强度将能源单位的能源投入换算为货币单位得到能源支出，并计算能源支出在 GDP 中的占比。本书研究中使用的所有投入产出表均来自国家统计局[15]。能源生产部门包括能源开采、运输、分离、焦化、加工等能源工业部门。由于中国投入产出表每五年公布一次正式表，五年期间公布一次延长表，因此本书研究的研究时间为 1987～2015 年期间公布投入产出表的 10 个年份(正式表和延长表)。此外，1987 年、1990 年、1992 年和 1995 年的投入产出表有 33 个部门，2002 年、2005 年、2007 年、2010 年、2012 年、2015 年的投入产出表有 42 个部门，这些部门需要整合成前后一致的部门分类。本研究还用到了各个部门的能源消耗数据[16]，但该数据并不与投入产出表中的部门分类一一对应。为了在研究中保持部门分类的前后一致性，需要将类似的部门进行合理地合并。相关合并研究不乏先例，如 Liu 等将投入产出表的部门整合为 10 个部门[17]。按照相同合并方法，部门合并分类见附录 B。在合并后的部门之内，B、C、D、E 四个部门为能源的生产部门。本研究认为四个部门使用的隐含能源是为了生产能源而必需的能源投入，即整个能源产业的直接和间接能源投入，按照这个边界计算的 EROI 就是从开采到终端用户的 EROI，即 $EROI_{pou}$。

3.2 能源系统净能源分析

3.2.1 能源系统的能源投入

投入产出表中的同类部门合并后剩余 10 个部门，本研究中的能源系统部门经过合并后整理成为四个部门，分别为 B 煤炭采选，C 石油和天然气开采，D 能源加工和转化，E 电力、热力的生产和供应。这四个部门几乎涵盖了中国能源供应的全部过程，包括能源的开采、洗选、加工(转化、焦化等)和运输(供应)。根据净能源分析中对于能源投入的定义，这四个部门消耗的隐含能就是中国能源系统的能源投入，将其除以当年的单位 GDP 能耗后就是能源支出。从结果可以看出，中国能源部门消耗的隐含能一直在快速增长。1987 年，中国能源系统消耗的隐含能仅为 1.52 亿 tce，而 2015 年增加到 19.2 亿 tce，按照当年 43 亿 tce 的总一次能源消费量计算，其中就有 44.5%被用于能源系统。图 3.4 中分析了每供应 1tce 的一次能源所需要的能源投入，该值揭示了能源系统的生产效率，这意味着整个能源系统 1987 年消耗 1tce 当量隐含能就可以为经济系统供应 5.62tce 的一次能源，其中有 4.62tce 净能源；而到了 2015 年，能源系统消耗 1tce 隐含能只能供应 2.24tce 的一次能源，其中只有 1.24tce 净能源产出。如果这一比值持续下降，则意味着能源行业需要更多的能源投入用于开采、加工、转化和运输能源。此外，如果能源投入增长过快，将减少能源行业的净能源产出，并挤压侵占经济系统对于非能源部门的必要支出。1987～2015 年，虽然我国一次能源供应总量持续增长，但能源系统所需要的能源投入增长更快，这导致整个经济系统将越来越多的经济产出投入能源系统中，非能源部门的支出占 GDP 的比例越来越小。在这种情况下，增加医疗、教育、科学技术发展方面的支出将更加困难，直接影响经济的可持续发展。

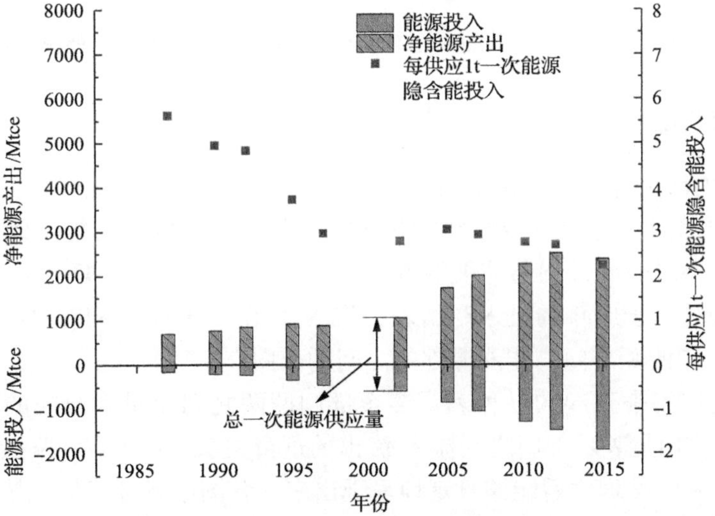

图 3.4　1987～2015 年间中国能源系统净能源供应能力持续下降

图 3.5 分析了 1987～2015 年中国能源系统消耗的间接能源投入与直接能源投入之比(间接/直接)。该比例揭示了能源投入中直接能源投入和间接能源投入相对的变化速度。从时间序列上来看，如果该比例逐渐上升，则说明在研究期内间

接能源投入增长速度快于直接能源投入增长速度，另外间接能源投入与直接能源投入之比大于 1，则说明间接能源投入占比更大，反之亦反。从图 3.5 中还可以看出，代表整个能源系统的四个部门间接能源投入在总能源投入之中的占比一直都是快速上升的，说明能源生产过程中间接能源投入的需求快速增长，能源投入中间接能源投入是更加值得重视的能源投入，因为它直接影响了净能源产出和 EROI。

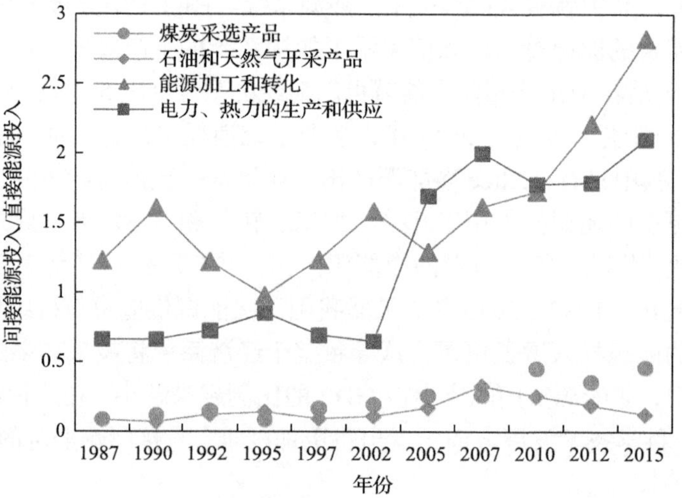

图 3.5　1987～2015 年中国能源系统消耗的间接能源投入与直接能源投入之比

3.2.2　能源系统 EROI

从实际情况来看，能源部门消耗的能源支出越来越大，这些支出大部分来自其他非能源部门。为了对能源部门和非能源部门之间的隐含能流动情况有直观的认识，需要对能源部门与非能源部门之间的隐含能流动数据进行可视化处理。其主要做法是基于历年的投入产出表，将 VB 语言与 Ultraedit 软件结合后绘制 1987～2015 年能源部门与非能源部门之间的弦图。

弦图是近年来兴起的一种表示多个部门两两之间流量和流向的可视化数据图，其主要作用是表示部门之间流入/流出的逻辑关系。对于有着复杂内部逻辑的数据，经过弦图整理之后能够直观地呈现出来。弦图中各部门依次按照扇形围成圆圈，各部门之间“弦”的宽度就是流量的宽度，也可认为是权重，这些流动方向表明了各部门在网络中的流量方向。需要注意的是，本研究主要研究能源系统四个部门之间的隐含能流量和流向，以及各非能源部门与四个能源部门之间的隐含能流量和流向，因此弦图中并没有涉及非能源部门之间，即经济部门之间的隐含能流量和流向，结果呈现于图 3.6 中。

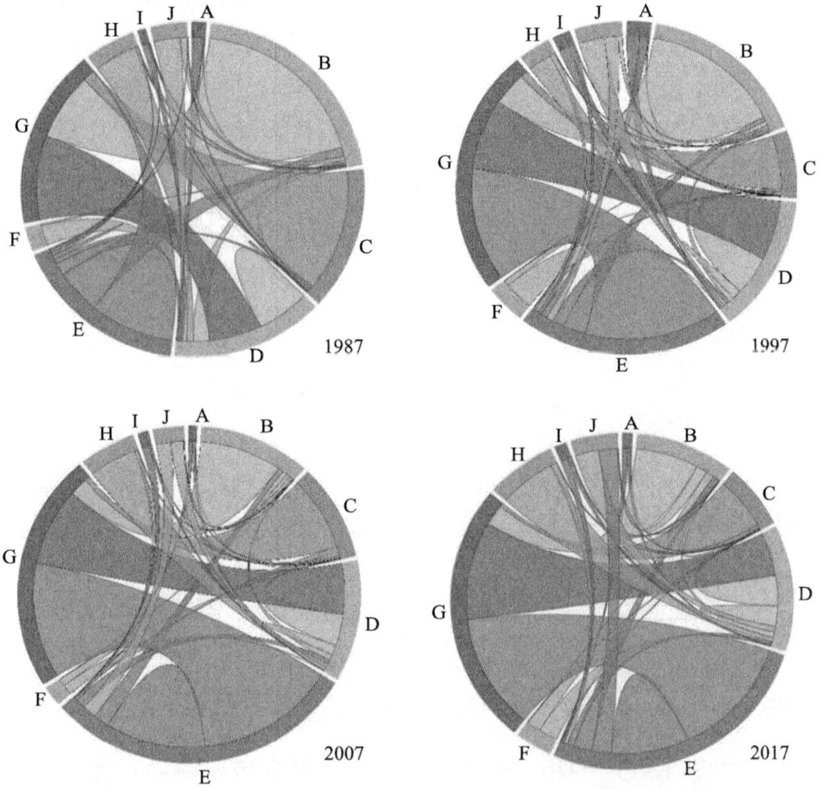

图 3.6　能源系统四个部门与其他非能源部门之间能量流动弦图(扫码见彩图)

A-农、林、牧、渔、水利；B-煤炭采选产品；C-石油和天然气开采产品；D-能源加工和转化；E-电力、热力的生产和供应；F-建筑业；G-其他制造业；H-交通运输仓储邮政；I-批发、零售业和住宿、餐饮业；J-其他行业

从图 3.6 中可以看出，制造业从 1987 年到 2015 年始终是最大的隐含能消费部门，四个能源系统部门生产的隐含能大部分流向了制造业。另外，需要特别注意的是能源系统四个部门的隐含能自耗问题。隐含能自耗在弦图中表示为不指向其他部门的凸起，凸起越宽表示自耗占比越大。在 2005 年之前，电力、热力的生产与供应部门察觉不到表示隐含能自耗的凸起，2005 年后自耗问题越来越明显。进一步观察后发现这种情况并非特例，煤炭采选部门的隐含能自耗凸显于 2010 年，石油和天然气开采部门的隐含能自耗凸显于 2007 年。此外，由于能源系统部门的隐含能自耗加大，同时一次能源供应总量受到环境约束和资源约束，因此用于非能源部门的隐含能会越来越少。

投入四个能源部门中隐含能不断增加的直接后果就是中国能源系统 EROI 持续下降。虽然 1987～2015 年中国一次能源供应总量逐年上涨，但能源系统的隐含能消费涨幅更大，从而导致 1987～2015 年中国能源系统 $EROI_{pou}$ 值持续下降。图 3.7 为 1987～2015 年间中国能源系统 $EROI_{pou}$，从图中可以看出 $EROI_{pou}$ 从 1987～2015 年呈现下降趋势，最低低至 2.24∶1。同时根据趋势预测，在能源结构和能源系统的 EROI 趋势不变的情况下，$EROI_{pou}$ 按照当前趋势持续下降，预计 2030 年中国能源系统 $EROI_{pou}$ 将降至 1.52∶1。

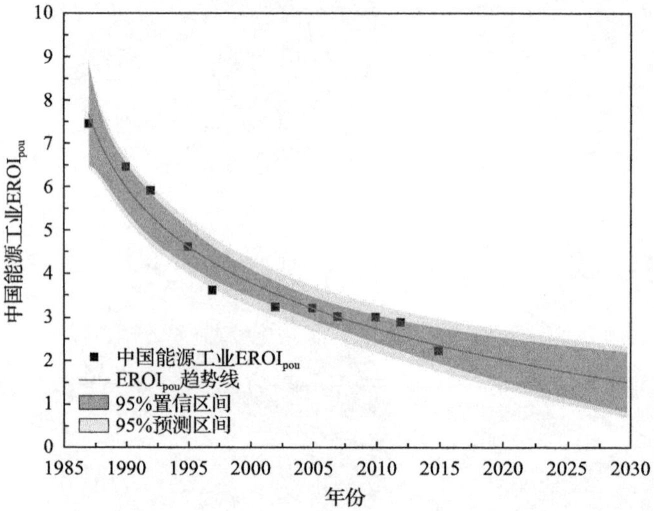

图 3.7　1987～2015 年间中国能源系统 $EROI_{pou}$（扫码见彩图）

目前对于中国能源 EROI 的相关研究不多，仅有的研究都集中在能源开采阶段，研究对象多为化石能源，研究范围集中在开采阶段。那么与其他研究中的 EROI 值相比，本书研究的 $EROI_{pou}$ 处于什么水平区间？本书研究将 $EROI_{pou}$ 与胡燕等（$EROI_{st}$）[18,19]、Chen［能值 EROI（Energy EROI）］等的研究结果进行比较[20]，结果如图 3.8 所示。由图可以发现，本书研究中 $EROI_{pou}$ 普遍小于其他研究的开采阶段 $EROI_{st}$，但与采用能值计算方法的能值 EROI 相接近。与 $EROI_{st}$ 相比较小的原因是本研究的 $EROI_{pou}$ 将能源投入的边界由能源开采阶段扩大到了能源加工、转化和运输阶段，相同产出的情况下投入增加；与能值 EROI 相比差别不大的原因是能值 EROI 虽然边界没有扩大，但是能源投入的层级扩大，同样对最后结果产生了影响。除此之外，国际能源署（International Energy Agency，IEA）采用与净能源分析相类似的方法对能源行业的能源投入进行了研究[21]，相应指标被称为能源行业自耗（EIOU），其定义为能源部门在生产过程中，以加热、动力泵取、机械动力和照明为目的消耗油、气、煤、电等能源形式的直接能源投入。只不过这部分 EIOU 全部为能源生产系统的直接能源投入。本书的 $EROI_{pou}$ 与 EIOU 相比增加考虑了间接能源投入，对比之后可以看出 1987～2012 年中国能源系统的

$EROI_{pou}$ 远远小于 EIOU，说明间接能源投入在能源生产过程中投入巨大，其对能源生产的影响不可忽视。

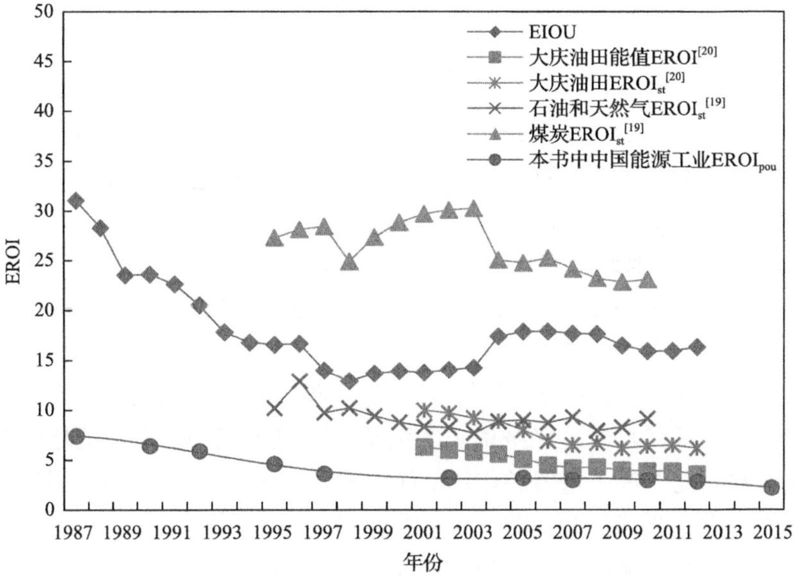

图 3.8　1987～2015 年中国能源系统 $EROI_{pou}$ 与其他研究对比[18-20]

3.3　对经济发展的影响

IEA 在《世界能源展望 2018》报告中描述了 2017～2040 年全球(包括中国)能源生产和消费的多种可能的路径[22]，一方面是为了给政策制定者提供几种可能的参考路径，另一方面描述了不同政策产生的不同效果。该报告中有三个主要情景，其中新政策情景(New Policies Scenario)描述了目前正在实施的政策和制度改革可能会产生的预期效果，对于能源消费量预测极有参考意义。在新政策情景下，全球范围内由于经济增速放缓导致能源需求的增长速度逐渐下降，但能源需求从 2017～2040 年仍将增长 30%，这相当于在目前的全球需求中再增加一个中国和印度的能源消费量。其中，新政策情景考虑了如下需要实现的目标：①NDC (National Determined Contributions，国家自主贡献)温室气体控制目标，即在 2030 年前达到 CO_2 排放峰值，并尽最大努力尽早达到峰值；②“十三五”规划的目标，即到 2020 年非化石能源占总消费量的 15%，单位 GDP 的能源强度较 2015 年水平降低 15%[23]，中国制造业由重工业向高附加值制造业转型，扩大天然气的消费，更加频繁地调整成品油价格和进行天然气价格市场化改革。除了新政策情景外，还有现行政策情景(Current Policies Scenario)，但其中不包括已宣布的新政策目标的实现，只考虑到截至 2017 年已经或者正在实施的政策，并且假设这些能源政策在未来也不会改变。另外，《世界能源展望 2017》提出了可持续发展情景(Sustainable Development Scenario)，并采取了完全不同的讨论方法。可持续发展情景对未来的展望包括三个主要因素：首先，描述了到 2030 年实现现代化能源产业的途径；其次，描绘了一幅到 2040 年的图景，这与实现《巴黎协定》目标所需的方向是一致的，如尽快达到排放峰值，然后大幅下降；最后，假定其他与能源有关的污染物会大量减少，这与全球空气质量的显著改善和由此而来的空气污染导致的过早死亡减少是一致的。

与 IEA 重视主观政策的影响相比，美国能源信息署(Energy Information Administration，EIA)的《2040 国际能源展望》则更多考虑了经济增长和技术进步的客观影响，因此设置了参考情景、高经济增长情景、低经济增长情景、高油价情景、低油价情景五种预测情景[24]。过去几十年，中国一直是世界上非常受关注的经济体之一，不仅是全球经济增长的引擎，而且中国的能源消费增长在塑造全球能源市场方面也发挥了重要的作用。预计未来 2030 年左右，中国引领的亚太地区能源消费将成为全球能源消费的唯一增长极。有鉴于此，美国 EIA 的情景设置充分考虑了中国经济从投资、出口拉动型增长向消费拉动型增长转变带来的不确定性。同时，美国 EIA 的展望报告中具体分析了中国经济转型路径中主要影响因素的敏感性，结果表明，GDP 增长幅度将是决定国家能源消费水平的最重要因素。基于这个认识，报告中设置了经济高速增长的情景，即从 2015 年到 2040 年中国 GDP 年均增长 5.7%；而参考情景中从 2015 年到 2040 年中国 GDP 年均增长 4.5%。高经济增长情景的前提假设是中国经济发展的重心从投资出口导向型转移到消费主导型增长路径。除此之外，在展望报告中所有的情景设置中，中国仍然是世界上最大的需要能源密集投入型制造业大国，其经济发展对全球的能源市场具有重要的影响。

相比较而言，BP 的年度能源展望报告中设置的情景较少，但是其展望数据非常详细，同时对于能源转型的影响考虑充分。在 BP 能源展望报告中，中国一次能源需求量增长速度放缓但是长期保持缓慢增长，到 2040 年中国能源消费量将占全球的四分之一左右[25,26]。中国能源强度将以每年 1.7%的速度下降，低于 2.5%历史水平。2040 年中国能源结构继续演变，能源产量增长 45%，消费量增长 41%，对天然气进口依赖度将从 34%上升到 40%，期间天然气在能源结构中占比 13%；国内石油产量进一步下滑，石油进口依赖度从 2016 年的 63%上升到 2040 年的 72%；非化石能源发展迅速，能源消费结构中占比由 2016 年的 3%上升到 2040 年的 18%，到 2040 年时年均保持 9.5%的增长速度。

另外，中国工程院和国家发展和改革委员会也对中国能源结构转型进行预测并给出了规划目标值。这些指标和预测对于预测能源消费和供应都极具有参考意义。其中，中国工程院基于技术进步速度、资源储量、资源潜力的充分研究，提出了中国能源消费革命的战略目标和路径[27]。具体来说，到 2020 年，中国能源消费总量控制在 47 亿～49 亿 tce，其中煤炭消费量控制在 40 亿～41 亿 tce，石油消费量控制在 5.5 亿～5.8 亿 tce，非化石能源消费达到 7.2 亿 tce；到 2030 年，能源消费总量控制在 56 亿～60 亿 tce。国家发展和改革委员会发布的《能源生产和消费革命战略(2016—2030)》对于一次能源供应的预测十分具有指导意义[28]。这份战略是实施“十三五”规划的具体措施和纲领性指导，这些措施实际确定了具体的中期约束性或指示性指标，以及到 2030 年的中国的能源消费总量控制上限。具体来说，到 2020 年能源消费总量控制在 50 亿 tce 以下，到 2030 年能源消费总量控制在 60 亿 tce(42 亿 toe)以下，并且 2030 年中国能源消费结构中非化石能源占能源消费总量比例达到 20%左右。

总而言之，EIA、IEA、BP、中国工程院、国家发展和改革委员会等机构的能源生产和消费预测都各有侧重：IEA 侧重于多情景分析不同政策实施产生的预期影响；EIA 侧重能源价格及经济发展速度对能源生产和消费的影响；BP 则是在综合考虑的基础上，对能源结构转型考虑得更多；中国工程院在技术和资源储量等方面着重考虑；而国家发展和改革委员会的规划目标具有相当的引导作用，紧密结合了国家规划，本质上是对于未来能源战略和政策的侧重。但不管研究机构出发点如何，对于中国能源生产和消费的预测结果方向是一致的，对于一些重要的影响因素都进行了充分的考虑，因此相似的预测情景设置得出的预测结果相差不大。图 3.9 中是各研究机构关于中国一次能源供应量预测。

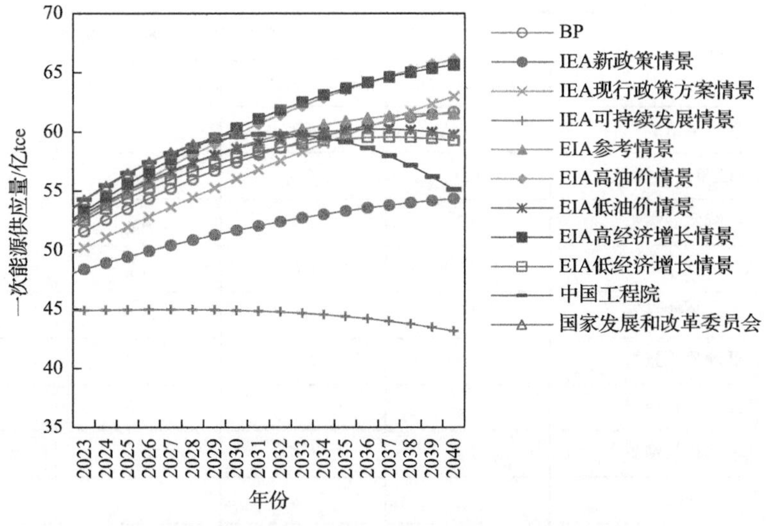

图 3.9　各研究机构关于中国一次能源供应量预测

利用国内外各大研究机构对于一次能源消费量的预测结果作为本研究的一次能源投入要素，投入前文中提出的净能源型生产函数，得出 2016～2030 年的 GDP 增长趋势，如图 3.10 所示。虽然实际 GDP 处于增长趋势，但每五年期间的增长率呈下降趋势(表 3.2)。将该预测结果与采用同样能源消费数据的各大机构对经济发展的预测结果比较后可以看出，本研究中采用净能源型生产函数预测的 2030 年 GDP 增长率预测普遍低于 IEA、EIA 等机构对中国经济前景的预测。其中，EIA 预测到 2030 年 4.2%[24]；IEA 预测到 2030 年约 5.1%。

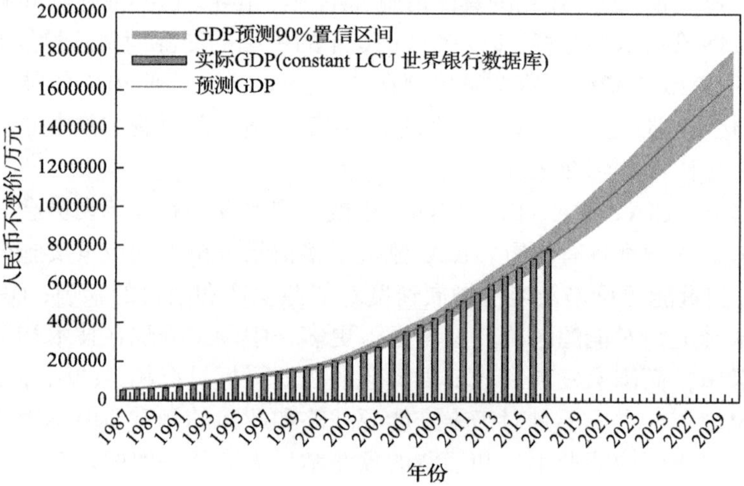

图 3.10　净能源型生产函数预测经济发展

表 3.2　2016～2030 年中国 GDP 预测值

能源供应量数据来源	应用到本研究净能源型生产函数的预测结果/%			
	2016～2020 年	2021～2025 年	2026～2030 年	2030 年
IEA 新政策情景	6.9	6.2	4.7	3.8
IEA 现行政策方案情景	6.9	6.4	5.0	4.0
IEA 可持续发展情景	6.3	5.7	4.3	3.4
EIA 参考情景	7.2	6.6	4.9	3.9
EIA 高油价情景	7.2	6.7	5.0	4.1
EIA 低油价情景	7.3	6.6	4.8	3.8
EIA 高经济增长情景	7.2	6.7	5.0	4.0
EIA 低经济增长情景	7.2	6.5	4.8	3.8
中国工程院	7.3	6.8	4.8	3.7
国家发展和改革委员会	7.4	6.7	4.8	3.8

由于采用了净能源型生产函数进行预测，导致对中国到 2030 年 GDP 的预测结果普遍低于上述研究机构的预测结果。其主要原因之一是国际货币基金组织、EIA 和 IEA 等都没有考虑中国能源系统 $EROI_{pou}$ 下降导致 2030 年时净能源产出的减少。由此可见，在能源生产过程中，能源投入的不断增加对经济增长的影响是不容忽视的。增长的能源投入降低能源系统的 EROI，减少净能源供应，导致经济缺乏净能源的支撑而增长乏力。

经济社会可获得的净能源供应总量和效率与社会福利、生活质量和国家发展水平正相关。如果经济社会对能源系统的能源支出过多，就没有多余的净能源来支持科学、教育、医疗、福利，经济不能可持续发展，社会不能繁荣稳定。在能源系统 EROI 过低的情况下，再高昂的能源支出也不能换来生活质量的提高。重视能源支出占 GDP 的比例这个数值，并且将其控制在一个合理适当的区间是未来能源经济发展中需要重视的问题。基于净能源分析、净能源型生产函数和隐含能模型，本节对中国经济 1987～2015 年的能源支出水平进行了测算。计算结果表明，能源支出在 GDP 中占比与经济增长速度的变化趋势完全相反：1987～2002 年期间 GDP 增速呈下降趋势，而能源支出占比却呈上升趋势。这种负相关关系在 2002 年和 2007 年两次出现。总的来说，能源支出占比与 GDP 增速变化趋势始终相反（图 3.11）。这与前文中关于能源支出的理论研究是相符合的。

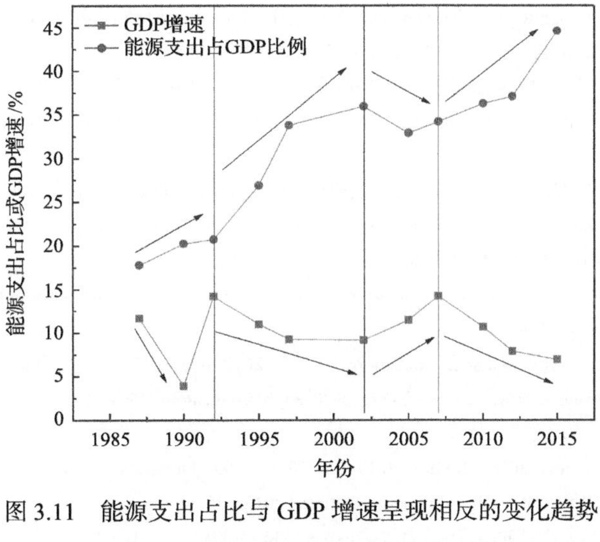

图 3.11　能源支出占比与 GDP 增速呈现相反的变化趋势

参 考 文 献

[1] Cobb C W, Douglas P H. A theory of production[J]. American Economic Review, 1928, 18(1): 139-165.

[2] Barnett H J, Morse C. Scarcity and growth: The economics of natural resource availability[J]. Nature Resources Journal, 1963, 3(3): 550-552.

[3] Solow R A. Contribution to the theory of economic growth[J]. The Quarterly Journal of Economics, 1956, 70(1): 65-94.

[4] Heathfield D, Denison E F. Estimates of productivity change by industry: An evaluation and an alternative[J]. The Economic Journal, 1990, 100(399): 276-277.

[5] Kümmel R. Energy as a factor of production and entropy as a pollution indicator in macroeconomic modelling[J]. Ecological Economics, 2006, 1(2): 161-180.

[6] Ayres R U, Warr B. Accounting for growth: The role of physical work[J]. Structural Change & Economic Dynamics, 2005, 16(2): 181-209.

[7] Hall C A S, Klitgaard K A. Energy and the wealth of nations[J]. Energy Policy, 2012, 42(2): 720-721.

[8] Cleveland C J. Natural Resources Scarcity and Economic Growth Revisited: Economic and Biophysial Perspectives[M]. New York: Columbia Unversity Press, 1991.

[9] Zoghi M, Ehsani A H, Sadat M, et al. Optimization solar site selection by fuzzy logic model and weighted linear combination method in arid and semi-arid region: A case study Isfahan-IRAN[J]. Renewable & Sustainable Energy Reviews, 2017(68): 986-996.

[10] Willem P N, Cooper C J. Implications of fossil fuel constraints on economic growth and global warming[J]. Energy Policy, 2009(37): 166-80.

[11] Fizaine F, Court V. Energy expenditure, economic growth, and the minimum EROI of society[J]. Energy Policy, 2016(95): 172-186.

[12] King C W, Hall C A S. Relating financial and energy return on investment[J]. Sustainability, 2011, 3(10): 1810-1832.

[13] Lambert J G, Hall C A S, Balogh S, et al. Energy, EROI and quality of life[J]. Energy Policy, 2014(64): 153-167.

[14] Herendeen R A. Input-output techniques and energy cost of commodities[J]. Energy Policy, 1978, 6(2): 162-165.

[15] 国家统计局. 中国统计年鉴(2016)[M]. 北京: 中国统计出版社, 2016.

[16] 国家统计局能源统计司. 中国能源统计年鉴(2016)[M]. 北京: 中国统计出版社, 2016.

[17] Liu Z, Geng Y, Lindner S, et al. Embodied energy use in China's industrial sectors[J]. Energy Policy, 2012(49): 751-758.

[18] 胡燕, 冯连勇, 田冬. 能源生产评价新方法: 能源投入回报值[J]. 中国能源, 2011, 33(1): 22-26.

[19] Hu Y, Hall C A S, Wang J. Energy Return on Investment(EROI) of China's conventional fossil fuels: Historical and future trends[J]. Energy, 2013(54): 352-364.

[20] Chen Y, Feng L, Wang J. Energy-based energy return on Investment method for evaluating energy exploitation[J]. Energy, 2017(128): 540-549.

[21] IEA. International energy statistical database[DB/OL]. (2019-1-5) [2019-12-30]. https://www.iea.org/statistics/?country=WORLD&year=2016&category=Energy%20supply&indicator=TPESbySource&mode=chart&dataTable=BALANCES.

[22] IEA. World energy outlook 2018[DB/OL]. (2019-1-5) [2019-04-09]. https://iea.blob.core.windows.net/assets/77ecf96c-5f4b-4d0d-9d93-d81b938217cb/World_Energy_Outlook_2018.pdf.

[23] 杜祥琬. 对我国《能源生产和消费革命战略(2016—2030)》的解读和思考[J]. 中国经贸导刊, 2017(15): 6-7.

[24] EIA. International energy outlook with projections to 2040[DB/OL]. (2019-1-3) [2019-04-16]. https://www.eia.gov/outlooks/ieo/executive_summary.php.

[25] BP. Statistical review of world energy 2018[DB/OL]. (2018-10-25) [2019-03-25]. http://www.bp.com/statisticalreview.

[26] BP. Energy outlook 2018[R]. London: British Petroleum, 2018.

[27] 中国能源长期发展战略研究项目组. 中国能源中长期(2030、2050)发展战略研究: 非化石能源卷[M]. 北京: 科学出版社, 2011.

[28] 国家发改委能源局. 《能源生产和消费革命战略(2016—2030)》. (2017-4-25)[2018-1-16]. http://www.gov.cn/xinwen/2017-04/25/content_5230568.htm.

第 4 章 化石能源净能源分析

化石能源开采时遵循“低果先摘”原则，即机会成本递增法则，指在既定的资源和技术条件下，每增加一单位 A 产品的产量，导致要放弃更多 B 产品的产量，当 B 产品因为产量降低价格上升时，A 产品的机会成本随之上升。资源有限及要素间的不完全替代性是机会成本呈递增趋势的原因。对于化石能源来说，最先被利用的往往是开采难度较大、加工难度较小的储量，这一部分储量开采加工转化时需要的能源投入相对较少。但随着优质易采的储量逐步减少，能源投入增长，导致化石能源的 EROI 逐渐下降。因此，化石能源的 EROI 是一个与累计产量相关的函数。在累计产量不断增加的过程中，EROI 值呈现先上升后下降的趋势：在能源开采利用初期，技术进步阻碍不大，技术进步的速度相对较快，此时 EROI 缓慢上升；随着累计产量的增加，能源的质量开始递减，技术进步的阻碍增加，此时 EROI 处于相对稳定状态；此后，能源质量和数量开始快速下降，技术进步已经赶不上质量下降的速度，投入快速增加而产出迅速减少，EROI 开始处于一个不可逆的下降过程。

由于受到化石能源资源有限和环境容量有限的双重约束，中国以化石能源为主的能源结构由低 EROI 结构向高 EROI 结构转型是必然要求，经济系统需要能源系统 EROI 尽可能高且净能源产出充足，这就涉及两个方面的问题：EROI 的替代和净能源产出的替代，即新的替代能源既要有足够的净能源资源潜力，还要有足够与化石能源竞争的 EROI。那么，目前中国的化石能源的净能源供应和 EROI 是什么情况？这就是本章需要研究的内容。

4.1 中国化石能源 EROI 评价

4.1.1 模型建立

从能源生产和消费的角度来说，经济社会可以分为能源生产部门和其余经济部门：能源生产部门包括能源开采(或捕捉)、加工(或转化)、运输三大过程；其余经济部门就是非能源生产部门，是依托于能源的使用而进行经济活动的主体。但是，不论是能源生产部门还是其余经济部门，都有一个共同点，即生产过程需要消耗大量能源，剩余的能源供应到其余经济部门，称为净能源。净能源产出的多少取决于能源生产过程中的能源投入和产出的关系，即 EROI。近些年中国能源消费量 80%以上来自化石能源，因此化石能源生产过程的能源投入产出情况就具有了深入研究的价值。

能源系统投入产出情况需要结合 EROI 的边界来进行，边界越大，则考虑的影响因素越全面，结果越接近实际情况。在前文的文献综述中可以看出，现有的针对中国化石能源 EROI 的研究主要集中在能源的开采阶段，具体对象都是一些特定区域的油气资源开采阶段，无法全面地衡量整个能源加工转化和运输过程中的能源投入和产出情况。因此，如果采用能源开采阶段的 EROI 代表整个中国化石能源行业的 EROI，得出的分析结果将会被严重高估。为了更加全面地评价能源的品质，同时考虑到数据获取的难易程度和可靠性，本研究中对中国化石能源 EROI 评价的边界从开采阶段扩展到整个能源生产过程，即边界为 $EROI_{pou}$ 所考虑的边界。边界包括能源的开采、加工转化和运输过程中的直接和间接能源投入，它不仅考虑了开发利用能源时所需的能源投入，而且考虑了将能源加工转化后传递到最终用户所需的能源投入，具体如图 4.1 中的 $EROI_{pou}$ 边界。同时，投入层级包括能源直接投入和间接投入。另外，为了更加精细准确地通过微观投入产出数据分析中国化石能源的 EROI 和净能源产出，采用的方法为微观层面的一般计算方法。

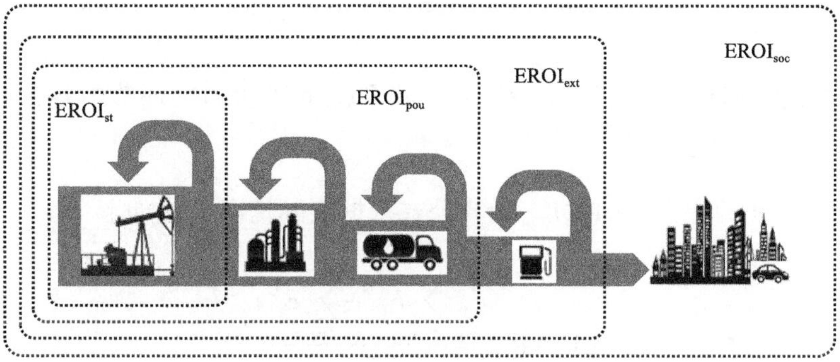

图 4.1　EROI 边界

需要说明的是，更大范围和更高层级中需要考虑的基础设施建设并不包括在本研究的计算中，原因有两个：首先，大部分利用 LCA 方法研究能源生产过程的结果表明，项目的基础设施需要的能源投入在项目整个生命周期摊销计算时所能贡献的能源投入非常小[1]，因此额外的数据统计工作并没有过多提高计算的精确度；其次，从根本上来说，能源品质的变化速度与基础设施的生命周期通常不在一个时间尺度上，能源品质递减的变化一般发生在 10 年甚至更少的尺度之内，基础设施的生命周期通常为几十年，如果考虑到能源项目的计划、批准和实施阶段，则可能需要更长时间。

在利用一般微观计算方法计算 EROI 时，有一部分能源由于技术水平限制和自然规律等客观原因而不可避免地存在能源损失，尤其集中在能源加工转化和运输过程中。根据净能源分析的基本理论，由于这些能源损失并不能为经济系统提供净能源盈余，因此能源损失不能算作能源投入；另外，这部分能源损失也不是能源产出，因为任何经济或能源系统都不能利用这部分损失的能源[2]。基于这些原因，现有的大部分研究在采用一般微观计算方法计算 EROI 时，常常选择性忽视这部分损失，因为这些研究计算的都是 EROI_{st} 边界和层级，即能源开采阶段，存在的能源损失较少。但是，真正的大量的能源损失出现在能源加工转化和运输过程中，因此在更大边界 EROI_{pou} 计算中，这部分能源损失需要从能源产出中扣除。在实际应用时，净能源的基本计算公式调整如下：

$$\text{净能源} = \left(\sum_{i=1}^{n} E_i^{\text{O}} - \sum_{i=1}^{n} E_i^{\text{L}}\right) - \sum_{i=1}^{n} E_i^{\text{I}} \tag{4.1}$$

式中，n 为能源生产过程中的某一步骤，如能源的开采、加工转化或运输；i 为化石能源的种类，如按照一次能源分类标准分为石油、煤炭和天然气；$\sum_{i=1}^{n} E_i^{\text{O}}$ 为化石能源产出，即化石能源总一次能源供应量；$\sum_{i=1}^{n} E_i^{\text{L}}$ 为在能源开采、加工转化和运输过程中损失的能源；$\sum_{i=1}^{n} E_i^{\text{I}}$ 为能源系统生产和加工环节中各种类型的能源投入。

根据 EROI 的定义，EROI_{pou} 计算公式根据实际情况变换如下：

$$\text{EROI}_{\text{pou}} = \frac{\sum_{i=1}^{n} E_i^{\text{O}} - \sum_{i=1}^{n} E_i^{\text{L}}}{\sum_{i=1}^{n} E_i^{\text{I}}} \tag{4.2}$$

在本书研究中，能源产出与能源投入的基本单位是吨标准煤当量(tce)。其中，能源产出需要扣除能源生产加工和转化过程中的损失量，而能源投入又分为直接能源投入和间接能源投入。直接能源投入主要包括两个方面，一方面是能源生产、加工和转化过程中消耗的能源，另一方面是能源运输过程中的能源消耗。图 4.2 显示了中国化石能源 2015 年净能源能流，图中从左至右依次为化石能源经历的从生产、加工、转化、运输各阶段的直接能源投入、间接能源投入和损失量，将这些量从最终能源消费终端的消费中扣除后剩余的是 2015 年中国化石能源生产的净能源产出。其具体计算过程如表 4.1 所示。

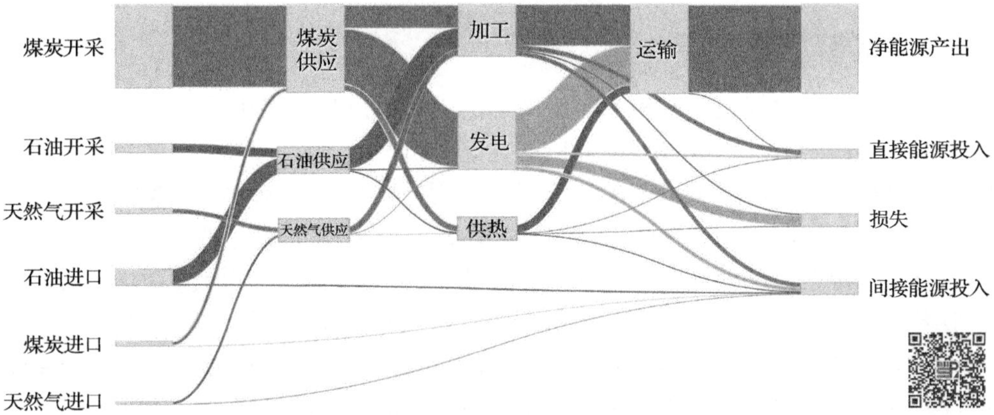

图 4.2　中国化石能源 2015 年净能源能流(扫码见彩图)

表 4.1　化石能源 EROI$_{pou}$ 计算示例及数据来源

项目			数学符号	数据来源
表观能源产出		一次能源供应	$\sum_{i=1}^{n} E_i^{O}$	IEA
能源损失		能源开采和加工部门损失	$\sum_{i=1}^{n} E_i^{L}$	中国能源统计年鉴
		电力部门损失		中国能源统计年鉴
		热力供应部门损失		中国能源统计年鉴
能源投入	直接能源投入	能源开采和加工部门自耗	$\sum_{i=1}^{n} E_i^{I}$	IEA
		电力部门自耗		IEA
		热力供应部门自耗		IEA
		能源运输		中国能源统计年鉴、中国统计年鉴、中国发展报告
	间接能源投入	能源进口	$\sum_{i=1}^{n} E_i^{I}$	中国统计年鉴
		能源工业投资		中国能源统计年鉴
总计		能源产出	$\sum_{i=1}^{n} E_i^{O} - \sum_{i=1}^{n} E_i^{L}$	—
		能源投入	$\sum_{i=1}^{n} E_i^{I}$	—
		净能源	$\sum_{i=1}^{n} E_i^{O} - \sum_{i=1}^{n} E_i^{L} - \sum_{i=1}^{n} E_i^{I}$	—
		EROI$_{pou}$	$\dfrac{\sum_{i=1}^{n} E_i^{O} - \sum_{i=1}^{n} E_i^{L}}{\sum_{i=1}^{n} E_i^{I}}$	—

4.1.2 数据来源及处理

受到研究时数据完整性和公布时间制约，计算过程中多个重要数据时间跨度为 1996～2015 年，因此本研究的计算时间只能包括 1996～2015 年这个时期。实际计算过程中，能源损失部分的计算方法采用中国化石能源一次能源供应量扣除能源生产、加工转化中的损失后作为能源产出，将能源工业自耗、运输过程中消耗的直接能源投入和通过货币消耗的间接能源投入认为是总能源投入，由此通过一般微观计算方法自下而上地计算中国能源系统 $EROI_{pou}$ 和净能源产出。

净能源分析的主要数据是能源投入，能源投入又分为直接能源投入和间接能源投入，其中能源开采、加工和转化过程中的直接能源投入数据来自 IEA 提供的 EIOU。根据 IEA 对 EIOU 的定义，EIOU 包括能源系统中供热、抽采、牵引、驱动和照明消耗的一次、二次能源消耗[3]。

但直接能源投入不仅仅包括 EIOU 中的统计数据，另一部分直接能源投入是能源运输投入，由于能源运输机动灵活、主体分散，难以形成口径统一、过程完善的数据集合，因此并没有相关机构进行过专门的整理公布。然而中国国土面积辽阔，化石能源生产区域与消费区域呈现严重逆向分布，因此运输过程中的直接能源投入比例较大，不能忽略。本书研究中对于运输过程中的直接能源投入的统计数据，有根据文献或数据库直接统计得出，也有经过计算间接得出。具体来说，对于天然气运输，本书研究统计了管道运输消耗的直接能源投入，其中包括进口天然气和国内生产天然气；对于石油运输过程中消耗的直接能源投入，统计管道和铁路运输消耗的直接能源投入，其中包括进口石油和国内生产石油；对于煤炭运输过程中消耗的直接能源投入，统计铁路运输消耗的直接能源投入。Mudge 等的研究结果显示[4]，铁路运输的能源消耗大约为 900Btu①/(t·mi)，即 0.59MJ/(t·km)；公路运输大约消耗 3400Btu/(t·mi)，即 2.229MJ/(t·km)；油气管道运输需要 500Btu/(t·mi)，即 0.328MJ/(t·km)。《中国统计年鉴(2018)》和《中国发展报告(2015)》中的货运周转数据反映了石油、天然气和煤炭从港口、矿山和油田运输到加工厂、电厂或终端用户的货物周转情况(附录 A)[5,6]，结合运输过程中直接能源消耗量可以计算不同过程中使用不同运输方式消耗的能源。需要说明的是，在实际情况中，天然气有按照以体积为单位的统计方式，也有以质量为单位的统计方式，因此存在统计数据单位上的不一致情况。例如，LNG 等以质量为单位计量，而管道气则以体积为单位计量。根据《中国统计年鉴(2018)》中的换算方式，通过管道输送的天然气统一按 $1000m^3 = 1t$ 的换算率将体积单位换算为质量单位。进口的 LNG 运输能源消耗只从港口开始计算，并且国内天然气运输由于统计数据获得性限制，只考虑了运输管道气能源消耗。

---

① Btu 为英制百万热量单位 1.05506×10^3J; 1mi=1.609344km。

实际计算过程中，间接能源投入的计算问题更加复杂。一般而言，间接能源投入为非现场或非能源形式的投入，如人力、资本和设备等。在利用一般微观方法计算 EROI 时，间接能源投入更多的是从资金成本的角度出发来考虑，这么做一方面便于统计和计算；另一方面照顾到了间接能源投入的经济价值，除了实际的财务成本之外，它还反映了一定的金融变量(如通货膨胀等)。如果利用财务等货币为单位的数据计算间接能源投入，则要统一单位，即如何将货币单位合理地转换为能源单位。目前学术界通行的做法是利用能源强度将货币单位转换为能源单位，其意义是货币交换是使用价值的交换，而使用价值是在能源消费的基础上创造出来的，货币流通背后是反向的能源流动。能源强度也称为单位 GDP 能耗，或称为国家能源强度，等于该国家的能源消费总量除以该国的国内(地区)生产总值。IEA 用 TPES 表示一次能源消费量，其意义是排除了化石能源库存等因素对于能源强度计算的影响，使最终的计算结果中消耗的一次能源为真实被经济系统消耗。IEA 公布的国家单位 GDP 能耗的计算方法和计量单位分别为 TPES/GDP 和 tce/1000 美元(2010 年基准汇率)，本书研究中单位 GDP 能耗指标采用的是 IEA 给出的数据。此外，本书研究中使用了 GDP 平减指数将 GDP 从当前的美元现价或人民币现价统一换算为 2010 年美元现价，从而减少了通货膨胀对数据的影响。

另外，间接能源投入的数据中还包括两个重要的部分：用于进口化石能源的资金成本(进口金额)和整个能源工业投资。能源工业投资数据来自《中国能源统计年鉴(2016)》[7]，煤炭和石油的进口量及进口金额的数据来自《中国统计年鉴(2018)》[5]和《中国能源统计年鉴(2016)》[7]。天然气进口金额数据来源则与石油和煤炭进口金额数据来源不同，由于进口天然气进口来源地不同且有液化天然气和管道天然气两种形式，同时进口天然气的价格变化没有统一的参照系(中国进口天然气主要使用企业间长期合同和“照付不议”合同，近些年 LNG 现货进口开始快速增加)，因此国家统计局只定期发布煤炭和石油的进口金额，进口天然气的进口金额则无法从官方网站直接获得。但是，中国天然气进口量大且连年增长，同时国际气源价格逐步走高，这些指标在本研究中扮演着不可忽视的重要角色。有鉴于此，本研究通过中国海关数据库公布的月度进口额和进口量数据，综合分析和整理后得到了 1996～2015 年中国进口液化天然气和管道气的资金成本。能源工业分行业投资如图 4.3 所示，石油、煤炭和天然气进口金额见附录 A。

值得注意的是，与其他化石能源进口金额相比，中国 LNG 进口金额从 2005 年到 2006 年出现跳跃式增长。其中有两个原因，其一是国际市场上 LNG 价格从 2005 年到 2006 年经历了快速上涨[8,9]，带动了整体进口金额的增长。另一个主要原因是中国从 2006 年开始大规模进口 LNG，2006 年中国第一个 LNG 接收站于广东建成并投入使用，由此开启了中国大规模进口 LNG 的历史[10]；同年全球第二大天然气出口国澳大利亚首次向中国出口 LNG，中国的 LNG 进口量从 2005 年的 66 万 m^3 增加到 2006 年的 9.35 亿 m^3。此外，2009～2010 年进口管道天然气进口金额也存在一个跳跃式的增长，主要原因是中国从 2009 年开始大规模进口管道天然气，以满足快速增长的国内天然气需求。中国第一条天然气进口管道是 2009 年建成的中亚 A 线天然气管道。

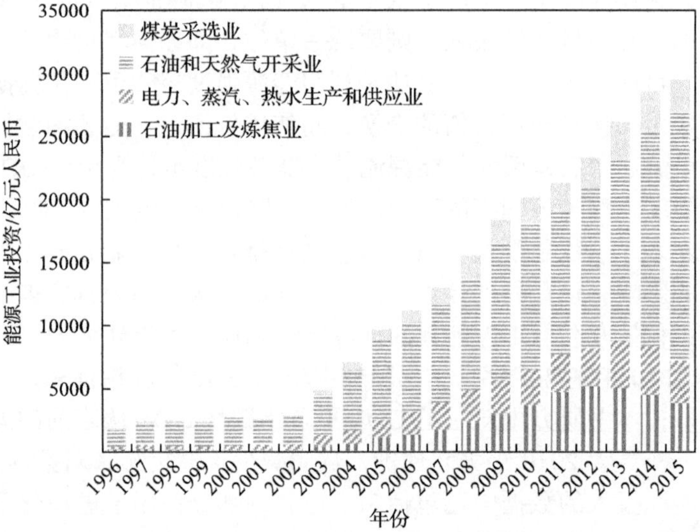

图 4.3　1996～2015 年间中国能源工业分行业投资(扫码见彩图)

4.1.3　计算结果

中国能源系统 1996～2015 年煤炭、石油和天然气三种化石能源的 $EROI_{pou}$ 呈现出了两种不同的变化趋势(图 4.4)，整体来看，石油和煤炭整体呈现的下降趋势较为明显，天然气 $EROI_{pou}$ 显示出波动式上升的趋势。具体来看，中国石油产业生产、加工、转化和运输过程的 $EROI_{pou}$ 在 1996～2015 年从 6.2∶1 下降到 3.9∶1；与此同时，中国煤炭产业生产、加工、转化和运输过程的 $EROI_{pou}$ 从 1996 年的 9.0∶1 下降到 2015 年的 6.6∶1；中国天然气产业的 $EROI_{pou}$ 从 1996 年的 4.5∶1 变为 2015 年的 4.3∶1。

图 4.5 显示的是 1996～2015 年中国化石能源直接能源投入和间接能源投入之比，该比值越小，说明间接能源投入在总投入中的占比越大。间接能源投入占比的快速上升说明中国化石能源系统资本密集投入程度愈发明显。从另一个角度来说，石油开采、转化和运输过程中间接能源投入不断增加，但石油 $EROI_{pou}$ 的整体趋势反而开始下降，说明虽然投入的资本越来越多，但净能源生产效率却没有随之增加，投入石油生产过程中的资本并没有得到相应的回报(主要原因是 EROI 下降)。随着经济社会的不断发展，对于净能源的需求随之增长，按照中国目前以化石能源为主的能源结构来说，为了获得供应充足的净能源，势必

需要更多的资本投入。而这些资本投入都是 GDP 的一部分，投入能源系统中的资本越多，就会占据投入其他教育、医疗或者高新技术产业的资本，最终影响经济的可持续发展。

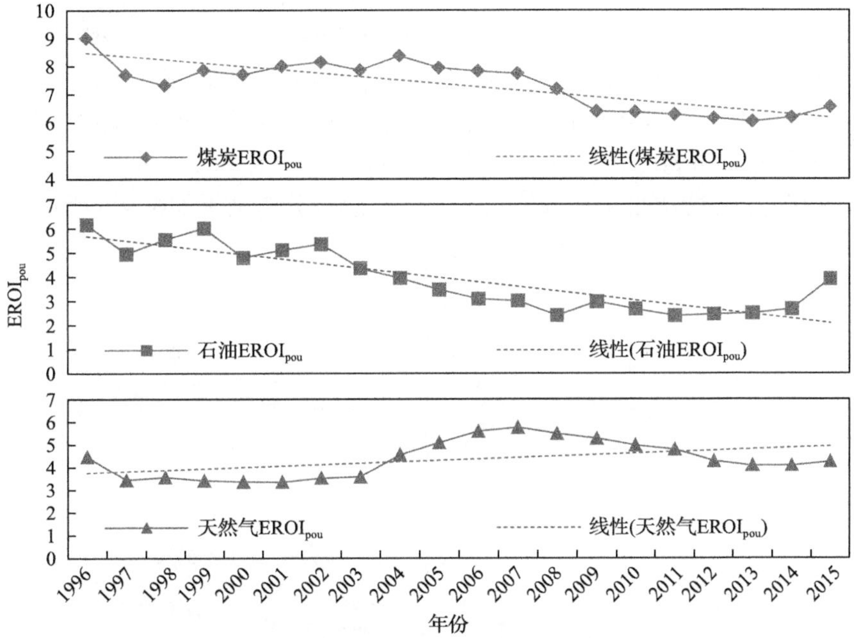

图 4.4　1996～2015 年间中国化石能源 $EROI_{pou}$ 计算结果

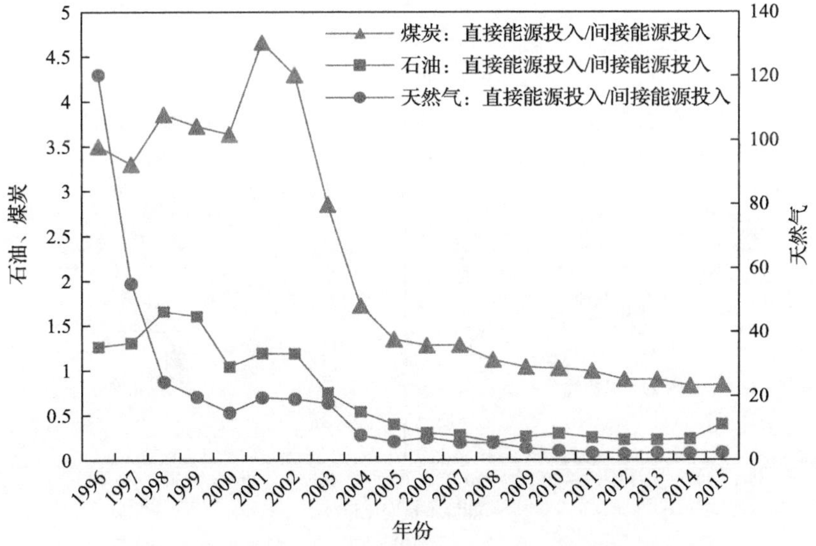

图 4.5　1996～2015 年间中国化石能源直接和间接能源投入之比

另外，根据 EROI 理论的基本假设，当化石能源储量丰富，即最终可采储量(Ultimately Recovery Resources, URR)相对较多时，化石能源开采难度低，能源优质，不需要过多的加工处理，因此 EROI 相对较高。由此可以看出，化石能源的储量实际上对化石能源的 EROI 有着本质的影响。在实际情况中，化石能源储量却随着勘探技术和投入力度而变化，除非将化石能源全部用尽，否则永远无法准确估计出真实的最终可采储量。此外，最终可采储量作为预测 $EROI_{pou}$ 的一个主要参数，$EROI_{pou}$ 的变化要比最终可采储量的变化滞后几年。因此，有必要对 $EROI_{pou}$ 的敏感性进行分析，以确定最终可采储量与 $EROI_{pou}$ 之间的关系。中国化石能源 $EROI_{pou}$ 对能源价格和最终可采储量敏感性分析结果如图 4.6 所示，石油、

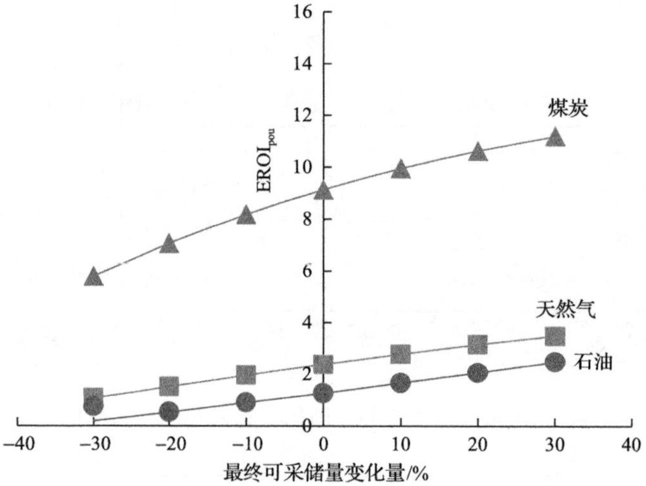

(a)

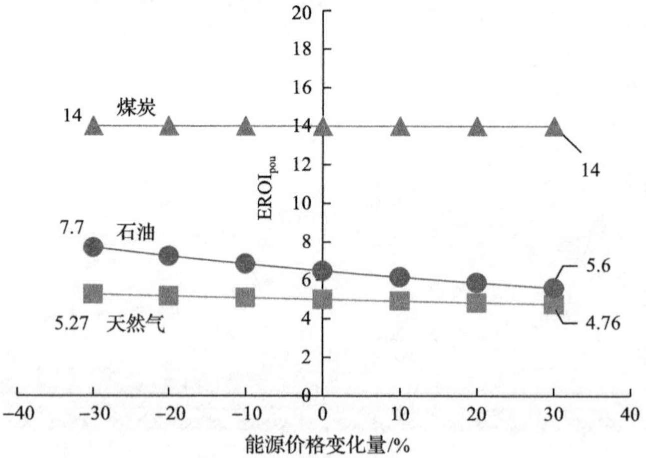

(b)

图 4.6　中国化石能源 $EROI_{pou}$ 对能源价格和最终可采储量的敏感性分析结果

煤炭和天然气都对最终可采储量的增加比较敏感，其中煤炭的敏感程度最大。根据上文中的分析结果可知，仅仅将大量投资投入生产过程，而没有投入勘探中去提高最终可采储量，不仅没有提高能源的整体 EROI，反而导致 EROI 下降。因此，提高化石能源的勘探力度，增加优质化石能源储量是目前来说提升化石能源 EROI 根本性办法。

除了最终可采储量对 $EROI_{pou}$ 的影响之外，本书研究考虑了更大的计算边界和更高的投入层级，因此能源进口所需要的间接能源投入也属于考虑边界之内，即能源进口金额背后代表的间接能源投入。由于近些年中国对石油和天然气的对外依存度分别高达 70%和 40%，因此进口金额的占比大小对 EROI 和净能源的变化结果也有较大影响，需要对此进行敏感性分析，以确定能源价格对 $EROI_{pou}$ 的影响程度。结果如图 4.6 所示，从分析结果中可以看出，随着能源价格的上升，石油和天然气 $EROI_{pou}$ 逐渐下降、煤炭 $EROI_{pou}$ 没有变化，说明石油的 $EROI_{pou}$ 对能源价格上涨最为敏感，天然气次之，而煤炭最不敏感。造成这种情况的主要原因是石油进口量较大，天然气次之，而煤炭进口最少。

4.2　化石能源净能源产出估计

4.2.1　化石能源 EROI 动态函数

Dale 等提出了用动态函数方程描述化石能源的 EROI 随着累计产量增加而先升后降的变化趋势[11]。在该函数中，化石能源的 EROI 在产量达到某个最高值(P_{max})之前开始快速增加，当达到 P_{max} 点时 EROI 达到最高点，随后开始逐渐下降直至 EROI=1∶1。另外，Dale 等认为化石能源的 P_{max} 就是累计产量达到最终可采储量 1/4 时的产量，遗憾的是该假设由于缺乏实证数据支撑，目前仍然停留在假设阶段。

实际上化石能源 EROI 的变化是资源耗竭程度与技术进步之间不断博弈的过程(图 4.7)。这里的技术进步是指针对单一品种化石能源的开采、利用和转化的技术水平。在能源开采利用初期，优质易采的能源首先被利用，此时技术进步的速度相对较快；随着累计产量的增加，能源的品质开始下降，资源耗竭程度加深，化石能源开采、加工和转化难度越来越大，技术进步已经赶不上资源耗竭的速度，因此 EROI 开始进入不可逆下降过程。从相关研究结果来看，化石能源加工链过长，需要经过更多的加工转化工序，优质的化石能源逐渐减少，能量密度开始下降，资源耗竭加快，开采、转化难度不断加大，维持一定产量所需要投入(损失)的能源量不断增加，这都是资源耗竭程度加重的表现。

假设 $G(p)$ 为 EROI 动态方程中的技术进步因素，其在化石能源开发利用的生

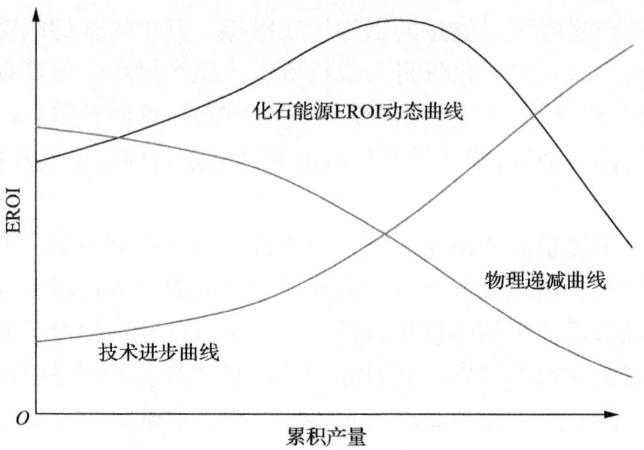

图 4.7　化石能源 EROI 动态曲线

命周期内随着累计产量的增加而呈现单调递增的形式，曲线形状为 Logistic 曲线，也称为技术进步的学习曲线；$H(p)$ 为化石能源由于资源耗竭和能源品质物理递减。综合描述化石能源 EROI 在生命周期内的动态函数 $f(p)$ 表达如下：

$$f(p)=\varepsilon H(p)G(p) \tag{4.3}$$

式中，ε 为规模因子，代表不同化石能源之间 EROI 变化幅度；p 为化石能源的采出程度，为该化石能源的累计产量与最终可采储量的比值，最大值为 1。

在 EROI 动态函数中，技术进步带来的边际产出增加经历了一个“慢-快-慢”的变化过程，直至达到化石能源投入与产出比的极限，即 EROI=1∶1。因此，式(4.3)中的技术进步曲线 $G(p)$ 就可以表示为如下形式：

$$G(p)=1-X\mathrm{e}^{-\alpha p} \tag{4.4}$$

式中，X 为不成熟的技术在开始应用时的初始值，并且 $0<X<1$；α 为技术在应用过程中通过实践反馈而不断进步的学习曲线，宏观层面技术发展程度又体现出社会和经济发展水平。

EROI 动态函数随着可采储量的减少而逐渐逼近能源能够开发利用的最低标准，此时化石能源资源耗竭程度加深，能源品质开始快速递减，技术进步能够带来的能源边际产出增加值已经小于所需投入的增加值，在动态函数中体现的就是物理递减曲线逐渐占据博弈的上风。假设物理递减曲线 $H(p)$ 遵循指数曲线衰减，则其表达式为

$$H(p)=\varphi\mathrm{e}^{-\beta p} \tag{4.5}$$

式中，φ 为化石能源在最初进行开发利用时的初始值，并且满足 $0<\varphi<1$；β 为能源资源的开发指数。

EROI 的长期变化趋势主要受到化石能源资源耗竭程度和技术进步速度两方面因素的影响，其中技术进步对于化石能源的 EROI 有积极提升作用，而资源耗竭对于化石能源 EROI 有消极的拉低作用，最终 EROI 的变化结果是两个因素相互博弈的结果。根据 EROI 动态函数和中国化石能源 $EROI_{pou}$ 计算结果，线性拟合后得出中国煤炭、石油和天然气的 EROI 动态拟合函数，用以说明技术进步和资源耗竭程度对中国化石能源 $EROI_{pou}$ 的影响(图 4.8)。结果显示煤炭的资源耗竭曲线下降缓慢，天然气的资源耗竭曲线先快后慢，而石油的资源耗竭曲线先慢后快。这与中国化石能源的特点相吻合：对于煤炭来说，由于储量和资源量相对丰富，因此资源耗竭的速度和程度远不及石油和天然气；石油是目前大量消耗并且储量相对不丰富的化石能源，因此现阶段石油的资源耗竭程度不断加重；天然气是相对清洁的化石能源，近十几年才开始大量使用，尤其近几年消费量快速增长，整个天然气的开发利用处于生命周期的前期，因此模拟出来的曲线目前仍然处于上升期。如要避免化石能源 EROI 过快下降，在继续加大勘探力度增加探明储量的同时，提高技术进步速度是最有效的手段。

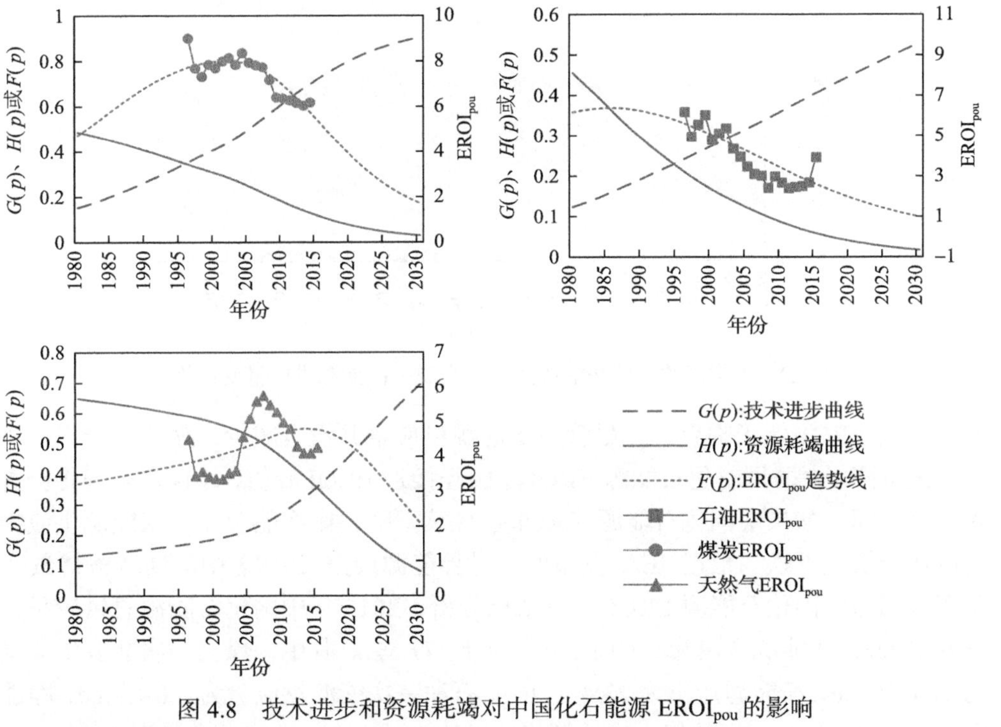

图 4.8　技术进步和资源耗竭对中国化石能源 $EROI_{pou}$ 的影响

4.2.2　净能源产出预测

在当前探明储量维持不变的情况下，中国煤炭和石油的 $EROI_{pou}$ 已经呈现明显下降趋势；天然气的 $EROI_{pou}$ 逐渐接近峰值，预计未来一段时间内也将进入下降区间。这说明中国化石能源的资源耗竭程度已经超过了技术进步的速度，中国化石能源工业的生产、加工、转化和运输过程中，能源投入所占的比例会逐渐增加，直接导致化石能源的表观能源供应量与净能源供应量之间的差距正在扩大(图 4.9)。如果按照这一趋势发展，中国化石能源系统需要消耗更多的能源投入，以满足经济发展所需要的净能量需求。此外，能源生产、加工和运输过程中的越来越高的能源投入引起的 $EROI_{pou}$ 的下降或许可以解释为什么过去几十年中国能源消费上升速度快于预期——当以化石能源为主的能源系统 $EROI_{pou}$ 不断下降时，为了获得充足的净能源，能源系统就需要消费更多的能源投入，以生产足够的净能源满足经济发展。

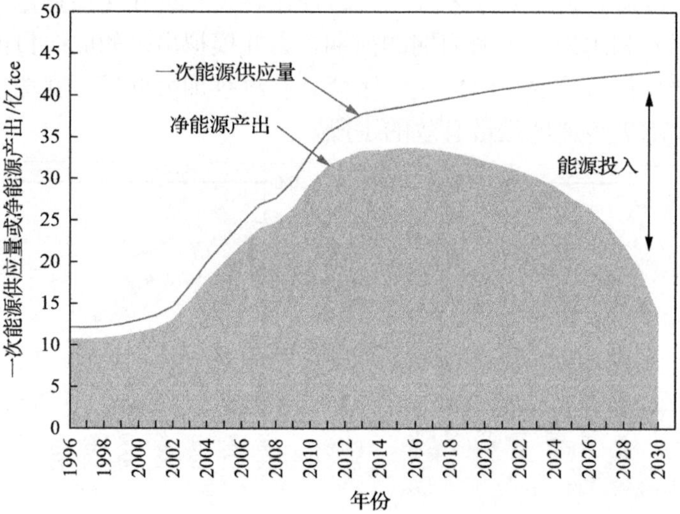

图 4.9　中国能源系统净能源产出和表观一次能源供应量变化趋势

一旦 EROI 低于临界值，尽管一次能源供应量并没有减少，净能源产出也将会快速下降。中国目前化石能源 $EROI_{pou}$ 已经接近 EROI 峰值，并且在未来将会进入下降区间。如果中国化石能源 $EROI_{pou}$ 继续下降，则净能源在一次能源供应中的占比会快速下跌。根据 IEA 发布的《世界能源展望 2018》中的新政策情景[12]预测数据与中国化石能源 EROI 计算结果分析，2015 年中国化石能源总供应量为 38.6 亿 tce，净能源产出为 29.9 亿 tce，占比 77.5%。其中，煤炭一次能源供应量为 28.6 亿 tce，净能源产出为 23.4 亿 tce；石油一次能源供应量为 7.8 亿 tce，净能源产出为 4.6 亿 tce；天然气一次能源供应量为 2.6 亿 tce，净能源产出为 1.9 亿 tce。预测到 2030 年中国化石能源总供应量为 42.9 亿 tce，净能源产出为 16.7 亿 tce，占比 39%。其中，煤炭一次能源供应量为 27.9 亿 tce，净能源产出为 11.7 亿 tce；

石油一次能源供应量为 9.8 亿 tce，净能源产出为 2.3 亿 tce；天然气一次能源供应量为 5.3 亿 tce，净能源产出为 2.8 亿 tce。随着煤炭和石油的 $EROI_{pou}$ 的下降，中国化石能源的一次能源供应量与净能源产出之间的差距将继续扩大，结果如图 4.10 中所示。

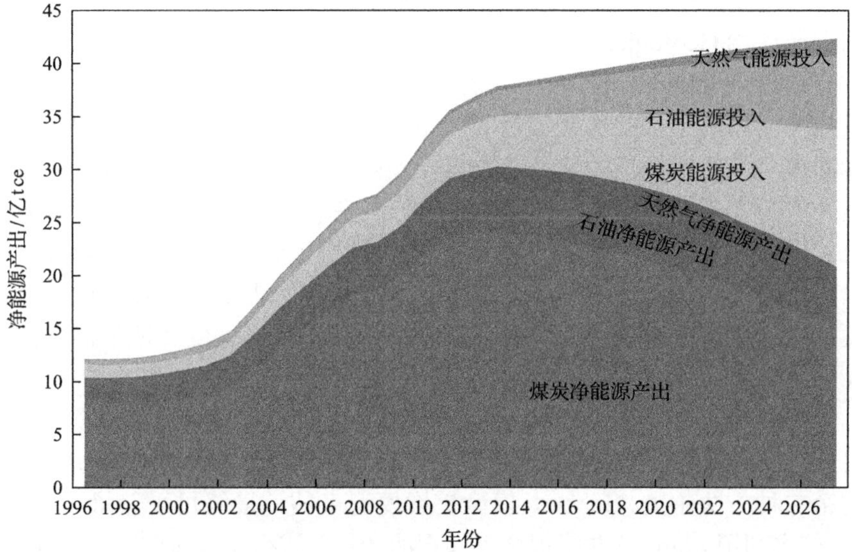

图 4.10　中国煤炭、石油和天然气净能源产出历史及预测

4.3　资源耗竭程度与 EROI 的关系

4.3.1　最终可采储量估计

Brandt 等在对世界上各大油气田和煤炭产区的 EROI 研究后发现，除非有大规模的地质储量被发现，否则全球化石能源的 EROI 将不太可能从下降趋势中摆脱出来[13]。从中国煤炭、石油和天然气的 EROI 预测结果可以看出，化石能源的储量大小决定着化石能源的资源耗竭速度的快慢，如煤炭储量相对较大，则煤炭的 EROI 下降缓慢。化石能源所有的储量之和为最终可采储量，由此可见化石能源的最终可采储量是决定 EROI 变化趋势的重要影响因素。根据 EROI 的动态函数推断，当化石能源的最终可采储量越大时，EROI 峰值越高且峰值到来时间越晚。

净能源分析方法中有一条重要的假设由 Dale 等提出，具体指的是当化石能源的历史累计产量达到最终可采储量的 1/4 时，EROI 将会达到最大值(峰值)，此后将逐渐下降[14]。如果想验证化石能源 EROI 是否真正达到峰值，必须首先预测化石燃料的产量是否已经达到最终可采储量的 1/4，即 EROI 达到峰值时储量耗竭系数为 25%。目前该理论仅仅停留在假设阶段，由于缺乏长期真实的投入产出数据和难以准确预测的最终可采储量，导致这种数量关系难以证明，但它说明了 EROI 与最终可采储量的密切相关数学关系。

最终可采储量指的是能够全部开采出来的某一种化石能源资源总量[15]。美国地质调查局（U.S.Geological Survey，USGS）对最终可采储量的定义可以分为四个部分，分别为待发现资源量、增长的储量、原储量和累计产量，四者之和为最终可采储量[16]。因此，最终可采储量应该是某一种化石能源从开采利用开始，直到这种能源被全部用尽为止的累计总产量。实际上由于各种因素的限制，化石能源始终是无法全部开采出来的。不论何种化石能源，最终可采储量这一数值主要的作用就是用来估计化石能源的产量随时间的变化趋势，如果所有的化石能源都被开采出来后才知道最终可采储量，那么这一数值也失去了其实际应用价值。从这个角度来说，化石能源最终可采储量就是一个根据采出程度和地下储量估算出来的估计值。

目前一般采用两种方法估计最终可采储量。一种是普遍采用的根据地质资料统计得出最终可采储量，另一种则是采用数学模型建模预估最终可采储量，学术界一般采用第二种方法中的 Hubbert 模型扩展模型来估计最终可采储量[17]。1956 年 Hubbert 首次利用 Logistic 曲线拟合美国石油产量并进行了外推[18]，其标准公式为

$$Q=\frac{\mathrm{URR}}{1+\mathrm{e}^{-c(t-t_0)}} \tag{4.6}$$

式中，Q 为累计产量；URR 为最终可采储量；t 为时间；t_0 为与峰值拐点相关的时间；c 为成长系数，当其他条件不变时，c 越大产量越大。

对式（4.6）中的时间 t 求导后得到的就是产量 P，其表达式如下：

$$\frac{\mathrm{d}Q}{\mathrm{d}t}=P=\frac{\mathrm{URR}c\mathrm{e}^{-c(t-t_0)}}{[1+\mathrm{e}^{-c(t-t_0)}]^2} \tag{4.7}$$

式中，P 为产量；其他参数含义与式（4.6）一致。

式（4.7）就是著名的 Hubbert 钟形曲线公式。将式（4.6）中的 URR 代入式（4.7），可以得到

$$P=\frac{c\mathrm{e}^{-c(t-t_0)}}{1+\mathrm{e}^{-c(t-t_0)}}Q \tag{4.8}$$

将式（4.6）中 $\mathrm{e}^{-c(t-t_0)}$ 代入式（4.8），可以得到

$$P = \frac{c\left(\frac{\mathrm{URR}}{Q} - 1\right)}{1 + \frac{\mathrm{URR}}{Q} - 1} Q = cQ\left(1 - \frac{Q}{\mathrm{URR}}\right) \tag{4.9}$$

式中，$\frac{Q}{\mathrm{URR}}$为储量耗竭系数，当最终可采储量一定时，累计可采储量越大，耗竭系数越大，产量越小。

对式(4.9)等号左右同时除以 Q，可得

$$\frac{P}{Q} = c - \frac{cQ}{\mathrm{URR}} \tag{4.10}$$

式(4.10)表示了 P/Q 与 Q 的线性关系，当 P/Q 近似等于 0 时，表示化石能源全部开采利用，此时产量为 0，因此 P/Q 等于 0 时的累计产量就是最终可采储量。Dale 等关于 EROI 与储量耗竭系数的关系，实际上就是 EROI 与最终可采储量之间的数学关系假设。

4.3.2 储量耗竭与 EROI 的关系验证

Dale 等推测当累计产量达到最终可采储量的 1/4 时 EROI 达到峰值开始下降，即储量耗竭系数 Q/URR 为 25%左右时 EROI 达到峰值[14]。但由于历史数据的缺乏，导致目前依然没有相关研究来验证这种关系。对于中国来说，天然气和石油大量依赖进口，国外产地储量的变化情况与国内 EROI 计算的口径难以统一，因此石油和天然气都不适合验证上述关系。但与石油和天然气的情况不同，中国煤炭进出口量较少，勘探开发程度相对较高，并且历史数据相对完整，因此可以用中国煤炭的产量数据验证 EROI 与化石能源累计产量之间的关系。2010 年前煤炭产量数据来自 Wang 等的研究[19]，2010～2017 年产量数据来自 BP 能源统计年鉴[20]。利用上文中从 Hubbert 模型中推导出来的估计最终可采储量的方法，通过对历史数据的线性规划，得出煤炭的最终可采储量为 224000Mtce(百万吨标准煤)左右。其结果如图 4.11 所示，其中 P 为年产量，Q 为累计产量。根据煤炭产量的历史数据、Hubbert 产量预测模型和最终可采储量估计模型预测中国煤炭产量及其储量耗竭系数，结果如图 4.12 所示。结合图 4.12 中的结果可以发现，2005 年时中国煤炭累计产量为 49000Mtce 左右，此时储量耗竭系数接近于最终可采储量 224000Mtce 的 22%，如果考虑到中国煤炭悠久的利用历史后，累计产量将更加接近于最终可采储量的 1/4。这与上文中利用 EROI 动态函数预测中国煤炭 $\mathrm{EROI_{pou}}$ 已于 2005 年达到峰值这一结果基本吻合。

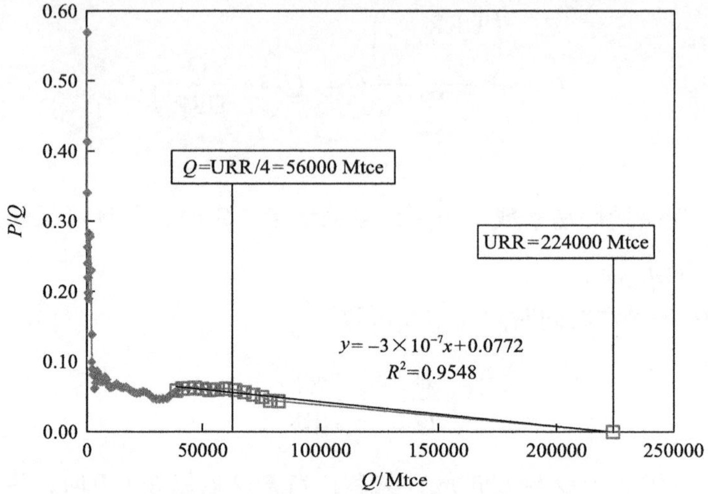

图 4.11　中国煤炭最终可采储量估计

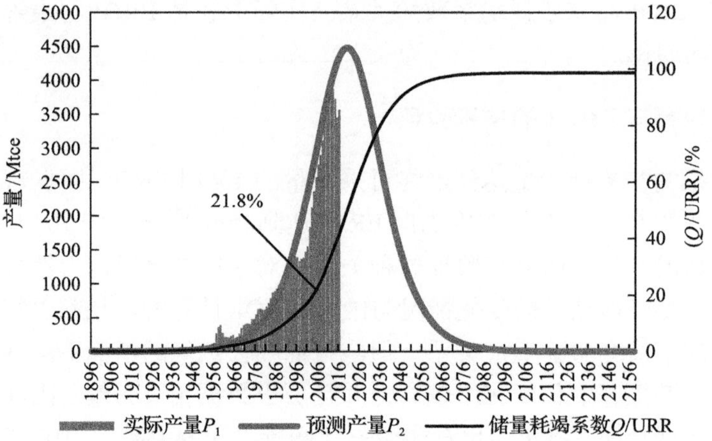

图 4.12　中国煤炭年产量、累计产量及储量耗竭系数历史数据

参 考 文 献

[1] Coughlin K. A mathematical analysis of full fuel cycle energy use[J]. Energy, 2012, 37(1): 698-708.

[2] Hall C A S, Lambert J G, Balogh S B. EROI of different fuels and the implications for society[J]. Energy Policy, 2014(64): 141-152.

[3] King C, Maxwell J, Donovan A. Comparing world economic and net energy metrics, part 2: Total economy expenditure perspective[J]. Energies, 2015(8): 12975-12996.

[4] Mudge R R, Kulash D J, Bodde D L. Energy use in freight transportation[R]. Washington DC: US Congressional Budget Office, 1982.

[5] 国家统计局. 中国统计年鉴(2018)[M]. 北京: 中国统计出版社, 2018.

[6] 国家统计局. 中国发展报告(2015)[M]. 北京: 中国统计出版社, 2015.

[7] 国家统计局能源统计司. 中国能源统计年鉴(2016)[M]. 北京: 中国统计出版社, 2016.

[8] Lin B, Wang T. Forecasting natural gas supply in China: Production peak and import trends[J]. Energy Policy, 2012(49): 225-233.

[9] BP. Statistical review of world energy 2018[DB/OL]. (2018-06-13)[2019-03-25]. https://www.bp.com/content/dam/bp/business-sites/en/global/corporate/pdfs/news-and-insights/speeches/bp-statistical-review-of-world-energy-2018.pdf.

[10] Priestley M. China's reliance on Australian LNG exports[EB/OL]. (2015-11-28)[2019-03-25]. https://www.docin.com/p-1374583005.htmlP87.

[11] Dale M, Krumdieck S, Bodger P. Net energy yield from production of conventional oil[J]. Energy Policy, 2011, 39(11): 7095-7102.

[12] IEA. World energy outlook 2018[DB/OL]. (2019-1-5)[2019-12-30]. https://iea.blob.core.windows.net/assets/77ecf96c-5f4b-4d0d-9d93-d81b938217cb/World_Energy_Outlook_2018.pdf.

[13] Brandt A R, Yeskoo T, Vafi K. Net energy analysis of Bakken crude oil production using a well-level engineering-based model[J]. Energy, 2015(93): 2191-2198.

[14] Dale M, Krumdieck S, Bodger P. Global energy modelling: A biophysical approach (GEMBA) part 1: An overview of biophysical economics[J]. Ecological Economics, 2012, 73(1): 152-157.

[15] Pachauri R K, Reisinge A. Climate Change 2007: Synthesis Report[M]. Cambridge: Cambridge University Press, 2007.

[16] USGS. U.S. Geological survey world petroleum assessment 2000[DB/OL]. (2018-10-9)[2019-02-18]. http://pubs.usgs.gov/ dds/ dds-060/index.html#TOP.

[17] Hubbert M K. Energy from fossil fuels[J]. Science, 1949, 109(2823): 103-109.

[18] Hubbert M K. Nuclear energy and the fossil fuels[R]. San Antonio: American Petroleum Institute, 1956.

[19] Wang J, Feng L, Davidsson S, et al. Chinese coal supply and future production outlooks[J]. Energy, 2013, 60(7): 204-214.

[20] BP. Energy outlook 2018[R]. London: British Petroleum, 2018.

第5章　非化石能源净能源分析

由于化石能源的资源和环境约束，非化石能源必将成为一个重要的潜在替代选择。针对前文中化石能源的净能源分析可知，未来化石能源的净能源产出和EROI将持续下降，对于非化石能源是否有足够的EROI水平和资源潜力用于替代化石能源所不能供给的净能源，是一个重要且紧迫的课题。目前学术界尚没有对于这个问题的研究，主要是因为针对非化石能源的净能源分析存在诸多挑战：一是将净能源分析方法应用于非化石能源领域是近几年才逐渐兴起的，发展时间较短，没有系统的基础数据对非化石能源的 EROI 进行研究，无法了解非化石能源生产过程中的投入产出效率；二是对于非化石能源资源潜力的研究中，对全国所有的非化石能源资源潜力从项目层面自下而上的统计所需要的数据过于庞大，很难在精确的模型运算和庞大的数据集合中寻找到平衡点。因此，大范围、高精度的非化石能源的净能源分析急需新的理论和新的方法。为了解决上述问题，本研究使用地理信息系统(Geography Information System，GIS)大范围、高精度评估中国非化石能源一般资源潜力，与非化石能源的 EROI 综述相结合后建立调查中国非化石能源的净能源资源潜力的评估模型，以填补非化石能源净能源资源潜力研究的空白。

需要说明的是，虽然非化石能源包括太阳能、风能、生物质能、核能、水能、地热能等，但其中的核能目前存在一定争议；地热能难以实现大规模商业化开发；水力发电虽然已经规模化、商业化，但是增长相对缓慢且不够灵活；而风能、太阳能和生物质能具有巨大的潜力，同时装机容量快速增长[1]。国家能源局公布的数据显示，2018 年水电装机同比增长 2.5%，而风电、光伏、生物质发电装机分别增长 12.4%、34%和 20.7%[2]。另外，2018 年中国不包含水电的非化石能源利用水平快速提高，其中风电消费 3660 亿 kW·h，同比增长 20%；光伏发电消费 1775 亿 kW·h，同比增长 50%；生物质发电消费 906 亿 kW·h，同比增长 14%，三者合计共增长 84%[2]。因此，考虑到研究的迫切性、未来可利用潜力、装机增长速度等原因，本研究中非化石能源部分仅对风能、太阳能和生物质能进行相关研究。

5.1　非化石能源净能源分析概述

5.1.1　非化石能源净能源分析基础知识

非化石能源的资源潜力是与储量和资源量相对应的概念，但是与化石能源资源储量分类不同，非化石能源无法根据可采储量经济与否，或根据储量的可信程度对资源潜力进行层级划分，非化石能源的资源潜力无法与化石能源的储量和净能源供应能力进行横向对比和评估。因此，非化石能源的资源潜力评估首先要解决资源潜力分级分类的问题。Coelingh 和 Moriarty 等根据非化石能源发电过程中约束条件的不同提出了非化石能源资源潜力层级分类方法，并且依据约束条件的性质进行了资源潜力分类[3,4]。根据这些研究，非化石能源资源潜力依次分为理论潜力、地理空间潜力、技术潜力、经济潜力和净能源潜力五类(图 5.1)。具体来说，理论潜力表示理论上空气流动蕴藏的全部动能，或太阳能辐射传递的全部热辐射，或生物质中蕴含的全部能量，由于这些能源无法全部被利用，因此该层级的资源潜力研究价值有限；地理空间潜力则是在理论潜力的基础上考虑土地利用约束后的可利用土地；技术潜力则考虑了当前技术水平对非化石能源发电效率的影响；经济潜力则是考虑了电价与成本之后具有经济可行性的资源潜力，即考虑了间接能源投入的部分；在经济潜力的基础上，如果考虑了非化石能源生产过程中的完整 EROI，那么得出的资源潜力就是净能源潜力。

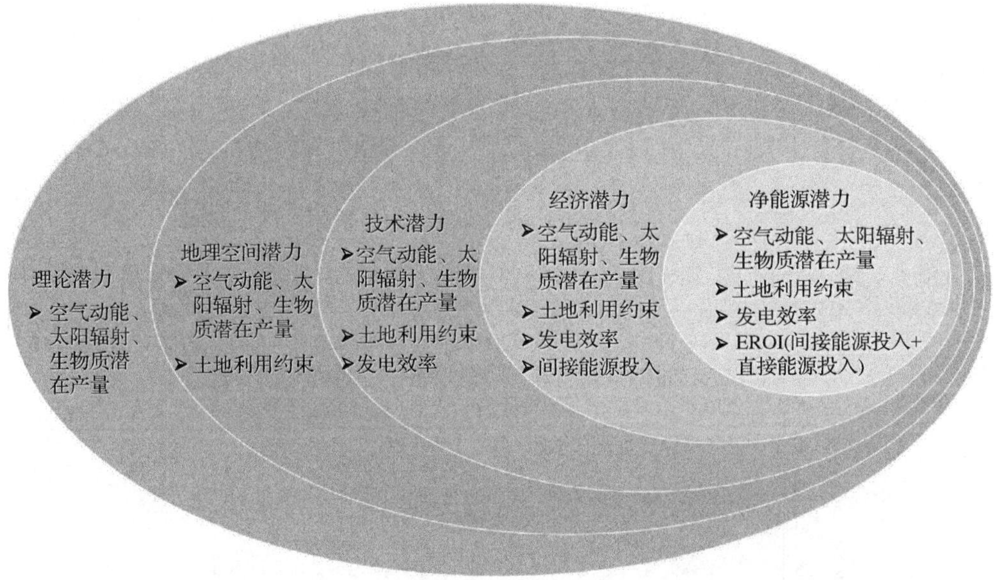

图 5.1　风能、太阳能和生物质能的资源潜力分级

上述五个层级的潜力中，净能源潜力由于考虑的因素较多，因此最有研究价值，但同时也给研究造成了一定的困难。实际上，净能源潜力不仅考虑了上述各种层级的约束，同时还考虑了能源产出和能源投入的关系(图 5.1)，包括直接能源投入和间接能源投入，其中间接能源投入一般情况下为资本投入，即能源生产的经济成本，因此净能源潜力实际上包括了经济潜力等其他层次的潜力。一般对非

化石能源资源潜力研究时都是直接探讨技术潜力和净能源潜力之间的关系。在评估技术潜力的基础上，结合该能源的投入产出数据，依据净能源产出与 EROI 的数量关系，得到净能源资源潜力表达式：

$$E_{i,\text{ net-potential}} = E_{i,\text{ tech-potential}}(1-1/\text{EROI}) \tag{5.1}$$

式中，i 为能源类型；$E_{\text{net-potential}}$ 为净能源潜力；$E_{\text{tech-potential}}$ 为技术潜力。

从图 5.1 中可以看出，净能源潜力是一种考虑更加全面的约束后的非化石能源资源潜力。考虑净能源产出和 EROI 对于经济社会发展的实际意义，净能源资源潜力的评估凸显了考虑 EROI 约束的净能源资源潜力的重要研究价值。总的来说，非化石能源资源潜力分类有助于不同种类或地区的非化石能源与化石能源之间横向对比，并对影响资源潜力的关键因素提供全面的评估。

评估风能、太阳能和生物质能的净能源潜力，不仅需要评估技术层面的资源潜力，还需要评估非化石能源的 EROI 水平。本研究对非化石能源的研究集中在宏观尺度，研究范围是整个中国大陆。由于没有全国层面的对于非化石能源的投入产出数据，因此在宏观上计算非化石能源的 EROI 就不太可能。如果采用单个项目的 EROI，又难以代表整个风能、太阳能和生物质能产业的 EROI。因此，本研究中并没有计算风能、太阳能和生物质能的高精度 EROI，而主要采用文献综述的方式将近年来风能、太阳能和生物质能 EROI 的相关研究进行整理，从而给出全国范围内风能、太阳能和生物质能 EROI。图 5.2 给出了非化石能源 EROI 与化石能源 EROI 的对比结果，可以看出风能 EROI 相对较高，太阳能次之，生物质能最低；但非化石能源 EROI 与中国化石能源相比相对较高，这主要得益于非化石能源直接产出电能，减少了中间加工转换环节。其中，太阳能和生物质能 EROI

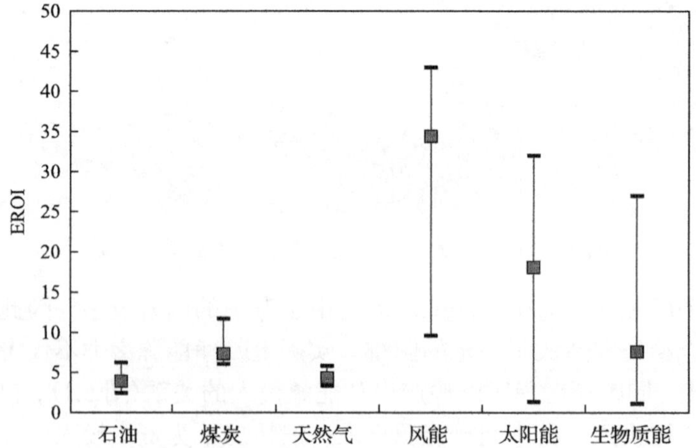

图 5.2　非化石能源 EROI 与化石能源 EROI 的对比结果

最低值接近于 1∶1，说明这两种能源的 EROI 波动较大，因此在非化石能源项目建设前要特别注意 EROI 的评价工作。

由于非化石能源不受资源耗竭引起的品质递减的影响，因此相关学者普遍认为 EROI 随着技术进步而不断增长，直至接近该类技术进步的极限。遵循这条规律，在对风能 EROI 和太阳能 EROI 的文献综述后，验证了 EROI 随时间推移而增长的经验性规律。考虑技术随着时间推移而进步，这一结果进一步靠实了 EROI 与技术进步的关系。以风力发电为例，Walmsley 等的研究结果显示，对于风力发电的 EROI，影响最大的变量是叶片直径，即叶片直径越大意味着 EROI 越大[5]。而在某种程度上，叶片直径与风力发电机的额定功率有着密切的关系，二者都代表风力发电机制造技术水平。随着全世界对非化石能源的重视程度不断增加，风力发电机的研发投入也随之增长，带动风力发电机的额定功率等设计运行参数逐步提高，这些因素都促使风力发电的 EROI 不断增长。根据 Kubiszewski 等的研究结果，对于低于 1MW 额定功率的风力发电机，额定功率与 EROI 呈正相关关系[6]。从风力发电 EROI 的综述(图 5.3)中可以看出，随着时间的推移，风机额定功率上升，风机 EROI 也逐渐增加。对于太阳能光伏发电的 EROI 也存在同样的规律，即随着时间的推移，太阳能光伏发电 EROI 均值呈现明显的上升趋势。

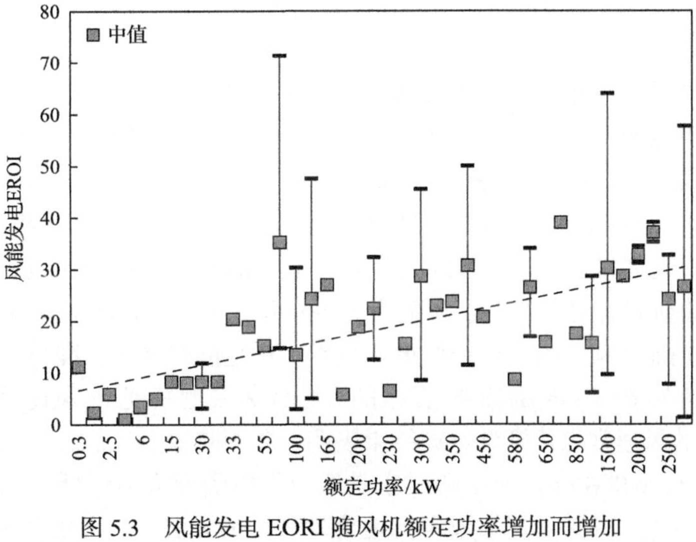

图 5.3　风能发电 EORI 随风机额定功率增加而增加

5.1.2　地理信息系统在资源评估中的应用

与化石能源受到资源有限和环境容量有限的约束不同，非化石能源的资源潜力主要受到地理空间的约束，尤其是风能、太阳能和生物质能，其中风能和太阳能主要是风机和光伏电池的地面布置受到约束，而生物质能则是原料生产需要占用大量土地。因此，在评估非化石能源的资源潜力时，需要依靠对地理空间信息进行分析来估算可以用于非化石能源项目的土地面积。随着土地资源越来越紧俏，看似资源潜力无比丰富的非化石能源由于需要占用大量土地而逐渐受到越来越多的约束，将可利用边际土地与非化石能源资源潜力结合起来的研究越来越重要。目前，在一定的地形地貌约束下，大范围的计算可利用土地面积主要采用基于GIS的评估方法。因此，在非化石能源领域通过应用GIS评估可利用土地面积，同时与非化石能源发电技术相结合来评估资源潜力，就成了新兴的科学研究。

GIS是地球科学领域通过卫星遥感技术深入分析地理空间图像和属性信息的科学方法。这一方法最早开始应用于较小的空间尺度范围内来进行评估，随着近些年来大范围的地理数据相对完整公布，才开始将研究范围扩大到国家层面甚至全球层面。特别需要指出的是，中国领土辽阔广大，地形地貌多种多样，山地、高原和丘陵约占陆地面积的2/3，盆地和平原约占陆地面积的1/3，同时还有大量荒漠戈壁和湿地，因此不同的地理空间约束会引起最终评估结果的不同。可以预见，GIS在中国国家层面应用时需要考虑更加复杂的因素，因此有必要对相关研究进行分析，从而依据不同约束建立符合实际的评估模型。国内外关于GIS评估风能、太阳能和生物质能资源量的相关研究综述如下。

1. 风能资源潜力评估

随着风机制造和并网发电技术越来越成熟，经济社会对于低污染能源的急迫需求，陆上风电的利用变得越来越重要[7]。以美国风能资源利用为例，美国风能协会(American Wind Energy Association，AWEA)的相关研究显示，2016年美国风力发电2.26亿kW·h，帮助减少了1.59亿t的CO_2排放当量，这相当于3370万辆汽车的温室气体排放[8]。正是因为非化石能源的减排效益如此显著，才逐渐启发了一些相关研究者对非化石能源的潜力进行深入研究。Mentis等利用GIS对非洲地区进行了陆上风电场的选址标准研究[9]，并且依据这些标准将非洲大陆分割为大量的边长为6～7km的栅格(栅格的大小代表模型精度)，风速采用的是距地表80m高处的风速数据。模型计算结果表明，非洲陆地上风能技术潜力最高的是北非，达到11963kW·h，而中非国家是风力发电资源潜力最低的国家。此外，Dupont等提出了一种关于风力发电场地合理利用的方法，在研究中加入了一些风机列阵权重因子，并将其应用于GIS全球风能资源潜力评估分析[10]。Mentis和Dupont虽然针对的是不同地区的风能资源潜力评估，但这两个研究都有相似之处，首先都完整介绍了基于GIS的宏观尺度风能资源评估方法，其次都采用了威布尔分布来计算风速分布；不同的是Dupont还增加了EROI的讨论，因此Dupont在原来的基础方法上进一步计算了风力发电项目的EROI。Siyal等采用了类似的方法研究了瑞典陆上风电潜力，并且讨论了其风能资源潜力是否能够满足未来非化石能源发展目标[11]。其研究结果表明，瑞典拥有足够的风能潜力和可利用的土地面积用于风能项目的建设，以满足瑞典未来的非化石能源目标。此外，还有相关研究者采用 GIS 评估了英国、美国、丹麦和欧洲北海地区的陆上或海上风能资源潜力[12-15]。

中国的风力发电装机容量均高于其他国家，但这并不足以满足中国对于清洁能源的巨大需求。为了提高清洁能源在中国能源消费结构中的占比，中国政府发布了一系列关于非化石能源开发利用的相关政策和国家规划，以期促进中国非化石能源于 2030 年之前达到期望的水平。2016 年国家发展和改革委员会和国家能源局发布了《能源生产和消费革命战略(2016—2030)》[16,17]，中国能源研究会的另一项研究预计风力发电于 2030 年将达到 4.5 亿 kW，上网电量 9000kW · h[18]。Li 等估计，到 2020 年中国的风电装机容量将达到 210～250PW · h(1PW · h=10^{15}W · h)，2030 年达到 450～500PW · h[7]。

虽然中国广阔的土地拥有相当可观的风能资源，但中国也有巨大的和仍然在增长的能源需求。因此，中国风能的发展对于未来实现清洁能源为主导的能源结构和可持续的环境目标具有至关重要的意义。由中国国家气象局(China Meteorological Administration，CMA)进行的第三次全国性调查结果显示，全国风能的理论资源潜力总量约 4350PW · h，其中以当时的技术水平陆上可利用风能为 1000PW · h，海上为 200PW · h[19]。能源研究所(Energy Research Institute，ERI)的研究表明，陆上风能发电技术总容量在 2400～3000PW · h[20]。除了一些研究机构进行的相关研究之外，还有一些独立学者也进行了相关研究，但评估的资源潜力都集中在理论潜力、经济潜力和技术潜力，没有相关的净能源潜力的调查。同时，这些研究在进行评估时的约束因素并不相同，有时受制于当时地理数据和模型设计等因素并没有充分结合实际情况来进行分析。但这些研究都对中国风能资源潜力调查评估起了不可忽视的作用，具体研究结果综述如表 5.1 所示。

通过采用 GIS 对风能资源进行空间数值模拟，可以为无观测站地区的风能资源评估提供基础资料。但数值模拟方法受地形、环境等因素的影响较大，而目前对于中国风能资源潜力评估的 GIS 数值模拟大多没有考虑地形地势相对复杂性和海拔增加引起的空气密度变化。此外，表 5.1 中 Dupont 等、Bosch 等和 Lu 等的三项研究都是针对全球范围的，并不是针对中国的，所以其研究中必须重点考虑模型的可操作性，最终模型运算时的约束条件取了最大公约条件而导致精度较差。其他的研究没有考虑到空气密度和风切变指数随高程和表面粗糙度的变化而变化，此外还没有剔除风速低于 2.5m/s 不适合开发区域。为了更高精度地评估中国风能资源的潜力，需要对中国的风能潜力评估方法和约束进行更精确、更恰当的优化。

表 5.1　关于中国陆上风能资源潜力的相关研究结果综述

研究者	年份	潜力	潜力类型	风机高度/m	额定功率/MW	研究尺度
CMA[19]	2006	4350PW·h	理论潜力	10	—	中国内地
Dupont 等[10]	2018	6225TW·h	理论潜力	100	3	全球
ERI[20]	2014	2400～3000PW·h	技术潜力	30～70	—	中国大陆
Lu 等[21]	2009	3900TW·h	技术潜力	100	2.5	全球
He 和 Kammen[22]	2014	2000～3500TW·h	技术潜力	100	2	中国大陆
Bosch 等[23]	2017	25.6PW·h	技术潜力	100	1.5	全球
Davidson 等[24]	2016	22.5PW·h	技术潜力	80	1.5	中国大陆
		17.8PW·h	经济潜力			
Liu 等[25]	2016	8.13PW·h	经济潜力	80	1.5	中国大陆
McElroy 等[26]	2009	24.7PW·h	经济潜力	80	1.5	中国大陆

2. 太阳能资源潜力评估

太阳辐射能通常被认为是一种巨大的、尚未完全开发的全球性非化石能源。在现实中，太阳能资源潜力虽然很大，但分布很广，若没有大型、有效的收集捕获器，则很难被人类所利用。中国目前制定的宏伟的非化石能源发展目标有力地推动了太阳能在中国乃至全球的发展，尤其是太阳能光伏发电。中国 2018 年全年光伏发电新增装机 4426 万 kW，到 2018 年 12 月底，全国光伏发电装机达到 1.74 亿 kW，光伏发电量为 1775 亿 kW·h，同比增长 50%[27]。为了实现太阳能光伏发电的规划目标，在全国范围内对光伏的资源潜力进行评价至关重要。

近年来，相关科研人员对太阳能的资源潜力研究逐渐兴起。但是早在 1919 年，Kimball 就对太阳在地球的总辐射与日照百分比之间的关系进行了求证，发现二者关系密切[28]。瑞典物理学家 Coulson 最早给出了太阳能总辐射的计算公式，该公式目前仍然被广泛引用[29]。周扬等利用中国西北地区气象观测站的大量历史数据，对西北地区太阳辐射资源的时空特征进行了评价[30]。Wang 等在评估中国光伏发电潜力时，考虑了不同的光伏系统和转换效率[31]。然而，在评估太阳能资源潜力时，除了太阳辐射外，还有很多重要因素需要考虑，如地表植被、土地利用类型等，这些都是发展太阳能光伏项目所受到的地理空间约束。另外，在对太阳能资源量进行调查过程中，由于观测点分布稀疏，来自气象站的太阳辐射数据并不完全准确地代表研究区域内的太阳辐射实际情况，有限的观测站点数量极大制约了结果的准确性和可靠性。在此情况下，利用卫星遥感数据的 GIS 进行空间分析作为一种较为可靠的方法，在太阳能资源潜力评价的需求下应运而生。

随着地理空间信息数据的陆续公布和应用，越来越多的研究者和机构开始着手研究集中或分布式环境下，基于 GIS 的太阳能资源可用潜力评估和适合太阳能发电的区域规划，目前为止大多数研究都是针对欧洲、北美和中东。Charabi 和 Gastli 将多准则规划(Multi-Criteria Decision-Making，MCDM)模型与 ArcGIS 软件相结合，对阿曼适合发展大型光伏农场的区域进行了筛选和剔除[32]。Jamal 等通过标记整个城市的可用屋顶面积来评估 Dhaka 的屋顶太阳能光伏发电潜力[33]。Janke 研究了美国科罗拉多州太阳能发电厂选址的可行性[34]。Sun 等对中国福建省农村地区太阳能光伏发电潜力进行了相关研究[35]。Sánchez-Lozano 等研究者对位于西班牙 Cartagena 和 Murcia 地区的光伏电站最优选址进行了可行性评估[36,37]。Sabo 等依据一系列地理空间约束条件确定了马来西亚可接入智能电网的大型光伏电站的最佳选址[38]。Gunderson 等在气候变化和土地利用情况不断变化的背景下评估了黑海地区的光伏发电的资源潜力[39]。Gastli 等、Charabi 和 Gastli 对阿曼的光伏发电的资源潜力及最优选址进行了大量研究[40,41]。Anwarzai 和 Nagasaka 确定了适合在阿富汗建立光伏电站的最优选址[42]。Watson 和 Hudson 还对英国南部地区的太阳能(和风能)电场的选址适宜性进行了评估[43]。Ziuku 等、IRENA、Broesamle 等、Hermann 等研究者或研究机构分别对非洲的津巴布韦、西非、北非和整个非洲大陆等在不同的研究尺度下进行了太阳能光伏电站的潜力和选址评估[44-47]。虽然研究的范围大小不一，但这些研究都是基于三个基础数据来评价的，分别为地理信息的模拟数据、太阳能辐射强度及光伏的发电技术。因此，不同研究范围和技术类型得出的结果差别相对较大，需要有针对性地进行研究。

3. 生物质能潜力评估

生物质能是指是绿色植物通过光合作用将太阳能固化在植物体中，人类直接和间接使用这些绿色植物后获得的能源。在各种非化石能源中，生物质能是唯一不需要借助其他设备就能直接将太阳能存储起来的能源类型。作为重要的非化石能源之一，生物质能具有原料可再生、来源丰富、可存储、可运输等优点。其原料来源主要是专门能源作物、城市生活垃圾、农作物秸秆、农产品加工剩余物、天然树林草场等。其中，农作物秸秆作为生物质能资源的主要来源之一，是目前世界上应用最广泛的生物质能。农作物秸秆具有短期内可再生、原料来源广泛、质量可控、成本较低等特点，最重要的是对于农作物秸秆的能源化利用可以有效地治理秸秆焚烧引起的一系列环境问题。农作物秸秆中的主要成分为纤维素、半纤维素和木质素，其中纤维素含量为 40%～55%、半纤维素含量为 10%～25%、木质素含量为 20%～30%[48]。目前来说，农作物秸秆能源化利用的技术手段主要分成五类，分别为秸秆固化成型、秸秆制沼气、秸秆直接气化、秸秆液化、秸秆发电[49]。由于农作物秸秆来源于种植农作物的土地，因此种植土地的面积和产量直接决定了农作物秸秆资源的丰富程度。目前来说，估算生物质能资源潜力的研究中有两种方法，一种是根据目前的年农作物产量，通过乘以草谷比系数来直接得出可转化的资源潜力。这种方法计算过程简单，但是忽略了剩余可利用土地作为生物质能源作物最大约束条件，在仍然存在可利用边际性土地的情况下，只考虑集中农作物实际秸秆产量来估算的方法低估了生物质能的资源潜力。随着土地利用、气候、水土等数据的不断完善，第二种估计生物质能资源潜力的方法逐渐开始发展起来，即基于 GIS 的生物质能资源潜力评估方法。

目前来说，将 GIS 应用于生物质能领域的研究主要集中于生物质能工厂的选址研究。Sharma 等使用高分辨率的 GIS 和 Systems-Multi 标准评价相结合建立了多准则 GIS 模型，以柳枝稷、芒草和玉米秸秆为原料，根据现有的基础设施基本情况并结合全美境内的生物质能源作物产量，确定了 164 个最适合建立生物质能源工厂的地址[50]。Wilson 利用 GIS 和地理数据开发了一个生物燃料设施选址分析建模软件(BIOFLAME)，基于柳枝稷为原料的生物质乙醇技术，为美国东南部地区进行了生物质能源的适应性分析、原料分析和工厂设施选址分析[51]。Gordon 和 Parker 建立了一个基于 GIS 空间分析和数学多元线性规划相结合的模型，分析了位于美国西部 17 个州境内 23 种不同生物质原料在内，考虑三种不同运输方式(铁路、公路和船舶)的生物质能供应能力[52]。Parker 等利用 GIS 空间分析，综合考虑了资源潜力评估、运输方式、距离成本、燃料需求、与现有工厂是否共存、人口分布、道路铁路分布及生物质能生产成本作为该优化模型约束条件，对生物质能工厂利润最大化进行了研究[53]。此外，还有学者利用 GIS 对生物质能工厂选址进行了研究[54]，Saha 和 Eckelman 建立了基于 GIS 平台的模型来评估美国波士顿城市群周围潜在的城市边际性土地，包括空地和未充分利用的公共及私人区域，这些区域具有适宜的土壤质量和阳光[55]。在模型中，Saha 假设这些土地可以用来种植高产的能源作物，如芒草和柳枝稷，利用 ArcGIS 软件作为空间分析工具，对典型城市特征进行地块筛选(如建筑、车道、停车场、水域、保护区等)，得出潜在边际土地适合种植高产能源作物。这些土地占波士顿土地总面积的 24%，估算这片边际土地在正常生长季节可生产近 42130t 能源作物。随后，Saha 和 Eckelman 将这项研究扩大到整个波士顿城市群周围的 101 个城镇，并且将四种不同的能源作物芒草、柳枝稷、杨树和柳树作为研究对象，最终确定适宜生物能源生产的边际土地总面积为 712km^2，占全区土地总面积的 20%[56]。他们提出，利用这些边际性土地进行能源作物生产，不仅可以使区域能源供应多样化，还可以提高能源系统的韧性，促进当地经济发展。Zyadin 等对波兰的农业生物质潜力进行了研究，选取了两个省份的森林和农业生物质资源为对象进行估算[57]。模型中使用了 GIS、官方公布的净次级生产力数据和对 210 名农民的实地调查数据，以制作土地利用和剩余森林和农业生物量的 GIS 地图，最终得出可用于能源化利用并且风险最小的森林和农业剩余资源量为 0.60t/hm^2，相当于两个省分别每年约 5.7 万 t 和 17.8 万 t 的能源作物产出。Natarajan 等将土地利用和土地覆盖数据（LUCC）与 GIS 相结合，利用高精度的卫星遥感数据建立了一种新的生物质资源潜力评价模型，并且对印度中央邦进行了测试[58]。Hiloidhari 等基于 GIS 和印度 Biomass Resource Atlas of India 数据库的草谷比系数对印度 28 个邦的农作物剩余资源进行计算，得出了印度每年有 2.34 亿 t 农业剩余物，可以转化为 4.15EJ（1EJ=10^{18}J）的能源量，这相当于印度 17%的能源消费量[59]。张蓓蓓基于 2015 年全国统计年鉴数据等估算我国现有农林剩余物资源量及其能源潜力，同时利用 2015 年全国 1km×1km 栅格的土地数据及净初级生产力数据，并结合人口分布、地形地貌、生态环境保护等约束评估我国边际性土地资源量及其农林剩余物的能源潜力[60]。

相关的研究还有很多，此处无法一一列举，仅选取了一些近年来的具有典型代表性的相关研究。总的来看，此前利用 GIS 分析生物质能资源潜力的研究大多集中于欧美等发达国家，近年来开始向东亚等发展中国家倾斜。生物质原料包括柳枝稷、芒草、玉米秸秆和其他林业资源等，生物质能利用方式包括生物质乙醇、生物质发电、生物质柴油等技术类型。

4. 总结

总的来说，目前将 GIS 应用于风能、太阳能和生物质能领域进行数值模拟的分析已经成为一种趋势，这主要是因为非化石能源在快速发展时期受到了地理空间的极大限制。而绝大部分非化石能源 GIS 数值模拟的相关研究都用于分析非化石能源建厂选址合理性，对象单一，范围狭窄，一方面是因为需要通过 GIS 来根据这些约束条件排除不合适的选址；另一方面，如果将其应用于其他方面的研究，则需要考虑更多的影响因素，如技术类型和发电效率等。仅有的资源潜力的研究大多基于项目微观层面，少数基于中观尺度的研究也没有考虑 EROI 和净能源产出的影响。

5.2　风能资源潜力评估

5.2.1　数据分析及处理

本书研究中的气候数据来自美国国家环境预报中心（National Centers for Environment Prediction，NCEP）的气候再分析（Climate Forecast System Reanalysis，CFSR）系统[61]。CFSR 系统于 1979 年建成，提供 1979～2014 年间的气候数据，其主要作用是为气候预报提供一个全球层面、高分辨率、大气-海洋-陆地-海冰耦合系统，以提供耦合状态下的最佳分析结果。需要说明的是，该数据是全球数据，本研究中只采用其公布的中国大陆数据，其中风速是离地面 10m 高度的风速数据[62]。此外，该基础数据中还包括温度、湿度、光照和海拔等内容，总计超过 11300 多个数据点，数十万条数据，基本通过人工手动下载、收集、完善和梳理。

在实际情况下，风能资源往往是在 80～130m 的高度捕捉利用的，风速随高度的变化而变化。但 CFSR 气候数据库的风速数据给定在距地表 10m 高度处，因此需要通过适当的函数调节获得所选风力发电机高度处的风速。目前普遍采用的方法是通过建立垂直风速剖面模型进行空间高度内的尺度转换。这种方法被许多风能研究人员用来计算从地面风速到风机中心高度的风速变化[63]。其函数方程如下：

$$\frac{v}{v_{10}}=\left(\frac{h}{h_{10}}\right)^{\alpha} \tag{5.2}$$

式中，v 为在风机高度 h 处的风速；v_{10} 为在给定的参考高度 h_{10}(10m)处的风速；α 为幂律指数，在风速研究中也被称为风切变指数。

现有的大部分相关研究中，风切变指数 α 一般取常数值 1/7，这意味着模型中将风切变与地形变化之间的关系默认为是无关联的[64]。而在实际应用中，风切变指数 α 是一个随地面情况变化的量，如果采用固定值计算，则会对地形地貌数据过度简化，对于研究结果有极大影响。Counihan 提出了一种确定风切变指数的经验方法[65]，这种方法主要考虑地面粗糙度对于风切变的影响，方程如下：

$$\alpha = 0.096\lg z_0 + 0.016(\lg z_0)^2 + 0.24 \tag{5.3}$$

式中，z_0 为地面粗糙度，一般取值范围为 0.001～10m。

地表粗糙度是指某一特定区域内地表表面积与其投影面积的比值。本书研究采用 DEM 结合 GIS 对地表粗糙度进行分析，具体函数为：粗糙度=1/cos(DEM 坡度×π/180)。本研究中 DEM 数据和土地利用覆盖数据均来自中国科学院资源与环境科学数据中心(Resource and Environment Science and Data Center，RESDC)[66]，该数据基于高精度县级土地利用调查，获取了中国土地利用和土地覆盖变化的地理信息。同时，该数据是目前向公众公布的中国最精确的土地利用遥感监测数据，分辨率为 1km×1km。其于 2015 年通过 Landsat 8 遥感卫星影像的数据视觉解码产生，土地利用类型包括主要类型 6 种、次要类型 26 种，具体为耕地，林地，城乡、工矿、居民用地，水域，草地，未利用土地(附录 C)。

风速在风能资源潜力研究中具有相当重要的意义，其直接决定风能资源潜力的大小。目前一般的做法是采用气象站的长期观测资料估计出一定区域内平均风速和风功率密度，其评估结果很大程度上受气象站观测点的数量、间距和地理位置等因素影响，在客观上难以达到期望的精确程度。因此，需要利用 GIS 数值高精度模拟区域内风速概率分布。目前风速分布研究中公认的两种概率分布分别为瑞利分布函数和威布尔分布函数。其中，瑞利分布函数仅使用了一个平均风速参数，虽然在应用上大大简化，但难以摆脱还原程度差的弊病。基于形状因子和比例因子两个参数的威布尔分布由于更加贴近风速分布的实际情况而被广泛采用，其中形状因子为 2 的威布尔分布就是特殊情况的瑞利分布[67]。威布尔分布函数如下：

$$f(v)=\frac{k}{c}\left(\frac{v}{c}\right)^{k-1}\exp\left[-\left(\frac{v}{c}\right)^{k}\right] \tag{5.4}$$

式中，形状因子 k 和比例因子 c 是根据使用 Manwell 等的经验方法中平均风速 μ 和标准差 σ 所确定的[63]，具体方法如下：

$$k=\left(\frac{\sigma}{\mu}\right)^{-1.086} \tag{5.5}$$

$$c=\frac{\mu}{\tau(1+1/k)} \tag{5.6}$$

采用 GIS 数值模拟插值计算后发现，中国大陆地区 100m 高空平均风速的威布尔概率分布中，最低年平均风速仅为 1.68m/s，最高年平均风速为 9.93m/s，其中低风速地区占比较大(图 5.4)。Dupont 等、Bosch 等的研究结果显示[10,23]，虽然中国幅员辽阔，但与世界其他风能资源丰富的国家相比，其高风速区域并不多。从风资源地理位置分布来看，中国大陆风电资源丰富的地区集中在西北、华北、东北和青藏高原。在省级层面上，内蒙古西部和东部、甘肃、新疆目前风能资源充沛，风电装机容量处于领先地位，分别占全国风电装机容量的 26%、14%、14% 和 14%[68]。

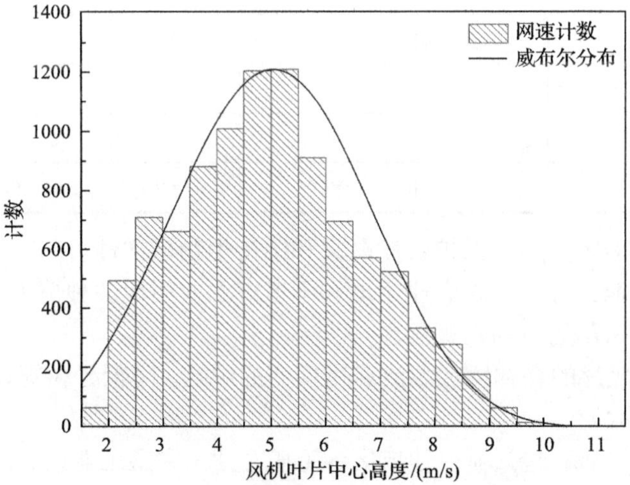

图 5.4　中国 100m 高空风速分布区间

除了风速分布的影响之外，还存在许多不适合建设风力发电场的地区，这些地区需要在高精度土地利用与覆盖数据的基础上通过 GIS 进一步排除。而目前现有的研究对于排除标准各有侧重，相关研究结果无法统一。对于不适宜发展风电土地的选择，本研究中将现有的对于中国风能资源潜力的相关研究进行了排除因素综述(表 5.2)，最终根据实际情况选择了最适宜本研究的排除条件。需要说明的是，在一些常规的排除区域基础上，如居民点、工厂、园区、水体区域、自然保护区[69]、湿地[70]等，本研究还增加了地表粗糙度较大地区的排除，并且还考虑了尾流效应和空气密度变化对风能产出的影响。参考现有的相关研究后，本研究考虑了以下排除因素。

表 5.2　关于中国陆上风能资源潜力评估中土地利用排除因素综述

考虑因素	Lu 等[21]	He 等[22]	Davidson 等[24]	Liu 等[25]	McElroy 等[26]	ERI[20]
海拔/m	—	≥33000	≥5000	≥3500	—	≥3500
自然保护区/%	—	100	100	100	—	100
草地/%	—	10～20	—	20	—	20
已开发区域/%	100	100	100	100	100	100
水体区域/%	100	100	100	100	—	100
坡度	—	待定	≥10°	待定	≥20°	≥4°
森林/%	100	50～70	100	80	100	80
灌木/%	—	25～35	—	35	—	35
农业区/%	—	100	—	75	—	100
荒地/%	—	10～20	—	0	—	—
地表粗糙	—	—	—	—	—	—
空气密度	—	—	—	—	—	—
尾流效应	—	—	$9D\times 9D$	$5D\times 9D$	$5D\times 9D$	—

(1) 自然保护区：用于保护自然财富和维持生物多样性。

(2) 农业用地：分为考虑农业用地和不考虑农业用地两种情景。

(3) 草原：以草为主的植被区。

(4) 林区：成片的森林增加湍流和风切变的影响，降低了树冠以上的风速，从而导致能源产出减少。

(5) 已开发区域：包括城乡建成区、工矿企业、大型工业区、油田、矿场、采石场等各类用地，以及交通道路、机场和特种用地。

(6)水域：指天然水域、湿地和水利设施。

(7)高海拔地区：中国大陆海拔 3500m 以上的场地不考虑作为适合风力发电区域，主要因为海拔高引起设备运输成本增加，电力传输成本增加，空气密度降低。

(8)大坡度区域：地形坡度大于 20°的被排除。

中国把粮食安全放在农业现代化的首要位置，为了粮食安全一般不把农业用地用于风力发电。但也有相当一部分研究表明，农用地往往非常适合风力发电机组的布置，在合理利用的情况下对农作物没有显著的不利影响[71]。由于存在上述争论，因此本研究考虑设置两种情景(表 5.3)，第一种情景是现有的农业用地不适合用于发展风能，第二种情景是 70%的农业用地适合用于发展风能。确定上述排除因素和情景设置后，确定 GIS 空间分析时的坐标系是目前普遍采用的 Geodetic System World Geodetic System 1984 年版本，利用 GIS 空间分析功能合成限制风力发电区域。通过对不适合建设风电场区域的 GIS 分析，确定了不适合风力发电区域图的构建和重新分类，得到可用于风电机组安装的土地总面积。模型结果表明，情景 1 适宜风电场建设面积为 474.8 万 km^2，情景 2 适宜面积为 649.3 万 km^2。

表 5.3　两种情景下本研究 GIS 模型所采用的不适合风力发电区域排除因素

排除因素	情景 1	情景 2
海拔≥3500m/%	100	100
自然保护区/%	100	100
草原等/%	100	100
已开发区域/%	100	100
水域/%	100	100
坡度>20°/%	0	0
森林/%	80	80
灌木/%	35	35
农业用地/%	100	30
剩余土地面积/万 km^2	474.8	649.3

5.2.2　评估模型建立

计算出可利用土地面积只是完成了工作的 1/3，接下来要针对具体的风机参数，与实际情况相结合来计算技术潜力。

1. 功率曲线

不同额定功率类型的风机都有一个特征功率性能曲线，其输出功率随风速的变化而变化。通常这些曲线基于实际测试数据[72]，被称为动态功率曲线，但其实际功率数据曲线往往符合一定的函数特征。将该函数特征通过数学方法描绘后就得出静态功率曲线，如下：

$$p(v) = p_r \cdot \begin{cases} 0, & v < v_c \\ \dfrac{v^3 - v_c^3}{v_r^3 - v_c^3}, & v_c \leqslant v < v_r \\ 1, & v_r \leqslant v < v_f \\ 0, & v \geqslant v_f \end{cases} \tag{5.7}$$

曲线特征如下：当风速达到风机的切入风速 v_c 时风机开始运行，功率输出随风速沿三次曲线上升，直到风速达到额定转速 v_r，此时涡轮开始以额定功率运行；当风速达到切出风速 v_f 时停止转动，桨叶保持与风向垂直，避免损坏。p_r 是风机在理想状态下最大额定输出功率，结果如图 5.5 所示，方程如下：

$$p_r = \left(C_p \frac{1}{2} \rho A v^3\right)_{max} = C_p \frac{1}{2} \rho \frac{\pi D^2}{4} v_r^3 \tag{5.8}$$

式中，ρ 为空气密度；A 为桨叶扫风面积；D 为叶片直径；C_p 为功率系数。

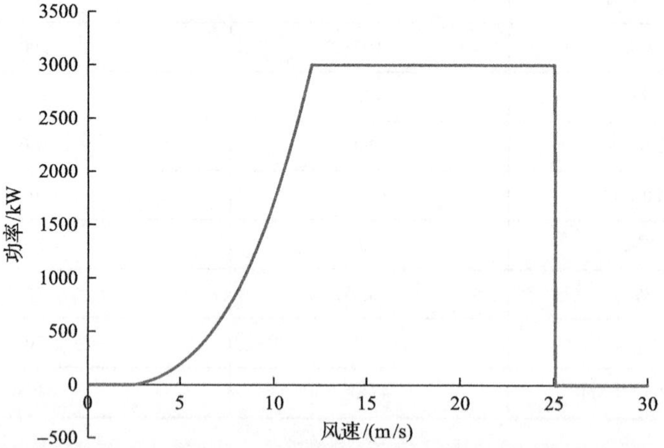

图 5.5　理想状态下风力发电机静态功率曲线

在大多数研究中，空气密度 ρ 都采用理想状态时的常数 1.225kg/m^3。但实际情况中，空气密度随周围温度、气压的变化而变化，由于空气密度直接影响风的动能大小，因此必须要考虑空气密度的变化，特别是对高海拔地区和低海拔地区的分析集中在同一项研究中时。由于中国大陆的海拔在 1000m 以上地区约占国土面积的 57.9%，考虑到海拔的差异影响较大，固定不变的理想状态下的空气密度并不适用。在评估中国风能潜力时，高程变化对空气密度的影响不容忽视，根据中国国家标准风电场风能资源评估方法[67]，空气密度指数方程如下：

$$\rho = (353.05 / T)\mathrm{e}^{-0.034(H/T)} \tag{5.9}$$

式中，ρ 为海拔高度为 H(m)时的空气密度(kg/m^3)；T 为开氏温度(=摄氏度+273.15)。

因此，本研究中改进后的风电机组最大额定输出功率计算方程如下：

$$p_{\mathrm{r}} = C_{\mathrm{p}} \frac{1}{2}(353.05 / T)\, \mathrm{e}^{-0.034(H/T)} \frac{\pi D^2}{4} v_{\mathrm{r}}^3 \tag{5.10}$$

风机按年计算的预计发电量 p_{expected} 如下：

$$p_{\mathrm{expected}} = \int_{v=0}^{v_{\mathrm{f}}} p(v) f(v) \mathrm{d}v \tag{5.11}$$

采用威布尔分布计算风速分布时风力等级范围为 0～25m/s。将上述公式中风电机组的期望发电量和额定功率与风速威布尔分布函数相结合，可以计算出数据点处的容量因数。容量因数的定义是风机叶片被动旋转时产生的能量与风机在一定时间内以额定功率运转产生的能量之比，实际意义是风机捕捉风力来产生电能的转化率，能够表明风电项目的发电效率。容量因数计算方程如下：

$$C_{\mathrm{f}} = \frac{p_{\mathrm{expected}}}{p_{\mathrm{r}}} = \frac{1}{p_{\mathrm{r}}} \int_{v=0}^{v_{\mathrm{f}}} p(v) f(v) \mathrm{d}v \tag{5.12}$$

式中各参数代表含义如前所述，此处不再赘述。

2. 风能资源潜力评估

一般而言，大多数计算风能资源潜力的模型都是在理想状态下测算评估的，这些模型最初都应用于单个风力发电机或小型风电场。事实上，随着装机容量的增加，风电场占地面积越来越大，大量风力发电机安装在可以容纳成百上千台风机的大型风电场中。当大量的风力发电机在一定区域内同时从风力中捕捉能量时，会产生一个对风能有极大影响的尾流效应。尾流效应是指由于风力发电机位置过近而导致风能衰减，降低整个风电场的电能输出。尾流效应造成的风能损失称为列阵损失。列阵损失对不同大小的风机有不同的影响，总的来说就是距离不变，风机越大损失越大；风机不变，上下风口方向距离越近损失越大。因此，为了最大化风电场电能产出，必须根据研究涉及的风机设计参数来适当调整风电场内的风机布置，以达到电能的最大产出[73]。

大多数研究将尾流效应引起的列阵损失设定为一个典型情况下的常数，并没有根据风机规格大小不同而设置最合适的列阵。例如，欧洲风能协会(The European Wind Energy Association，EWEA)与大多数研究采用相同假设，即认为阵列损耗为常数 10%[74]；而 Lissaman 等的研究显示风电场最终的阵列损失小于 10%[75]。Hau 和 Renouard 的研究表明，在盛行风向时，风机前后距离保持在 $8D$～$10D$(D 为转子直径)最佳；在侧风方向时，$3D$～$5D$ 的横向距离为最佳，阵列损失约为 10%[76]。Gustavson 的研究结果显示，风力涡轮机的空间越大，单个风机发电的效率就越高。此外，Gustavson 认为影响列阵损失的关键参数是风机的扫风面积和风机间的间距，通常表示为间距参数 λ。假设风机按矩形均匀排列(图 5.6)，间距为 n 倍叶片直径 D，则间距参数 λ 的方程如下：

$$\lambda = \frac{A}{S_{\text{turbine}}} = \frac{\pi D^2 / 4}{(nD)^2} = \frac{\pi}{4n^2} \tag{5.13}$$

式中，A 为风机叶片的扫风面积；S_{turbine} 为风机的占地面积。

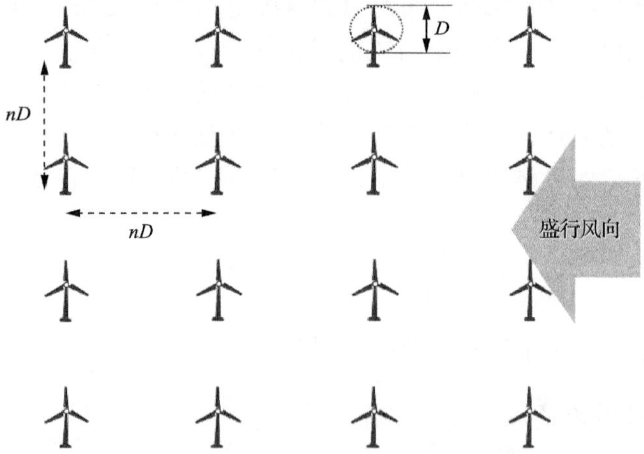

图 5.6　理想状态下风力发电场风机位置

Gustavson 根据实际测试数据并结合非线性回归和最小二乘方法，确定了风机间距与列阵损失的对照表[73](表 5.4)。Dupont 等进一步使用列阵效率 η 表示了间距与风机占地面积之间的关系，方程如下[77]：

$$\eta = a\mathrm{e}^{-b\lambda} = a\mathrm{e}^{-b\frac{\pi}{4n^2}} \tag{5.14}$$

式中，a、b 为调整系数；n 为相邻两台风机之间间距与风机叶片直径的比值。

表 5.4　列阵效率 η 与不同风机排列矩阵之间的关系对照

风场矩阵规模	$\lambda = \frac{A}{S_{\text{turbine}}} = \frac{\pi}{4n^2}$			
	0.03（5D）	0.01（9D）	0.003（16D）	0.001（28D）
5D×5D	85	94	98	99
10D×10D	70	86	96	98
50D×50D	29	62	87	95
近似无限 D	10	38	73	89

由于尾流效应的存在，风机之间的空间越大，列阵损失最小，列阵效率越高，但是也引起单位面积内风机密度降低而装机容量减少。这些都是对风电场电能产出有重要影响的因素，因此需要在风机间距与装机容量之间找到平衡，以保证电能产出最大化。每年预期的风能产出公式中的 T、S、C_f、P_r、D 是根据风机规格计算出的常数，因此假设其余不是常数的变量部分为 $f(n)$，整理如下：

$$f(n) = \frac{a\mathrm{e}^{-b\frac{\pi}{4n^2}}}{n^2} \tag{5.15}$$

式（5.15）中的参数 a 和 b 可以通过经验公式求出。本研究采用的是 Goldwind GW140-3MW 型号风机，具体规格参数如表 5.5 所示。在该风机设计参数规格下，当 n=8.4D 时，$f(n)$ 达到最大值（图 5.7），因此本研究风机间距选择 8.4D（D=136m）。

表 5.5　Goldwind GW140-3MW 风机技术参数[78]

规格	数值
额定功率/kW	3000
中心高度/m	100
叶片直径/m	136
切入风速/（m/s）	2.5
额定风速/（m/s）	12
切出风速/（m/s）	20
扫掠面积/m^2	14712

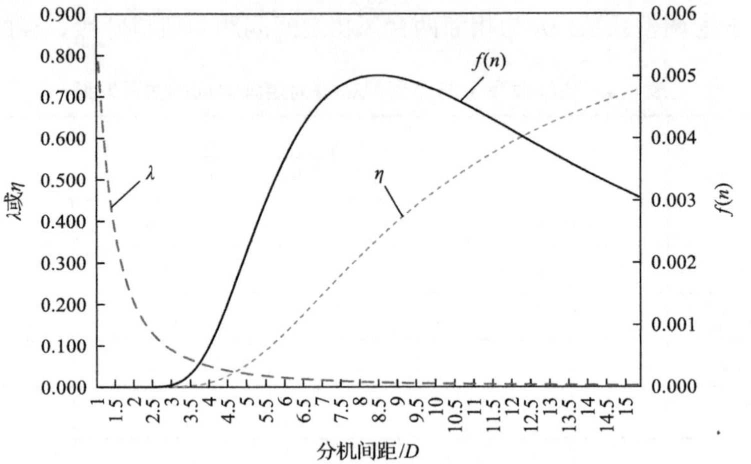

图 5.7　当 n=8.4D 时 $f(n)$ 达到最大值

风力发电场装机容量密度是评价潜在发电区域风力资源可利用程度的有效方法。风力涡轮机布置得太密会削弱扇片高度处的风速，距离太远则会浪费风能资源。根据 Dupont 公式，C_d 表示风电装机容量密度，其与额定功率 P_r 和间距 nD 的函数如下：

$$C_d = \frac{P_r}{(nD)^2} \tag{5.16}$$

式中，n 为两台风机之间的距离与转子直径的比值。

综上所述，每年预期的风能产出公式可以表示如下：

$$E_{\text{Wind,tech-potential}} = TS\eta C_f C_d \tag{5.17}$$

式中，η 为风电场的列阵效率；C_f 为容量因子；C_d 为风电场的风力发电机装机密度；T 为风电场一年发电时间，在评估最大资源潜力时往往将其假设为 365×24＝8760(h)；S 为风电场建设的区域面积，式中已经排除了不适合风机竖立的区域，如自然保护区、城市乡村居民点、水体区域、工业用地等；$E_{\text{Wind,tech-potential}}$ 为研究区域内风机的风电产出(TW·h)。

本书研究采用国产 Goldwind GW140-3MW 风机作为研究对象，其在理想状态时，P_r=3MW，v_r=12m/s，ρ=1.225kg/m^3，D＝136m。

5.2.3　资源潜力评估结果

1. 风能 EROI 评估

风力涡轮机是风电场最大的投资，其由基础、塔架、机舱和转子组成[80]。本研究包含的风电场生命周期包括风机的制造、运输、安装、操作、运行、线缆和基础安装及退出。表 5.6 总结了来自不同研究的陆上风电场在寿命期内各个阶段的能源投入，包括下游（风电机组安装运行消耗的能量）和上游（原材料生产消耗的能量）。根据 Goldwind 可持续发展报告[78]，2017 年 Goldwind 年装机容量为 5.3GW，收入为 251.29 亿元（人民币），每万元 GDP 标准煤耗为 0.0153t。可以计算出，风机组件中的直接消耗量为 6251.6tce/GW（183219.5GJ/GW）。此外，本研究中使用的运输、安装、操作、维护和退出阶段的隐含能源投入来自现有研究的综述结果，表 5.6 给出了用于风力涡轮机生命周期内的隐含能源投入。1GW 陆上风电场的生命周期隐含能源投入如图 5.8 所示。基于 Goldwind GW140-3GW 风力发电机的设计参数，陆上风电场的生命周期为 25 年，生命周期 EROI 为 11.4：1。

表 5.6　风力发电各阶段隐含能投入

	Walmsley 和 Walmsley[5]	Crawford[79]	Dupont[10]	Mathur[80]	Wanger 和 Pick[81]	Ardente 等[82]	本研究
单位	GJ	GJ	GJ	GJ	GJ	TJ	GJ
额定功率	变量	3MW	3MW	1.5MW	1.5MW	660kW	3MW
制造	根据设计参数决定	30725MW	7869000GW	1174	1174	13.6	间接投入：7869000GW 直接投入：183219.5GW
安装	1.1/台		153422GW		746	2.7	153422
运输	0.00125 /(t·km)		0.00125 /(t·km)				0.00125
线缆和基础安装			69343GW				69343
操作	1170/台		0.035		55	2.9	0.035
运行			1656GW	1512	1512		1656
退出			6450GW			0.8	6450

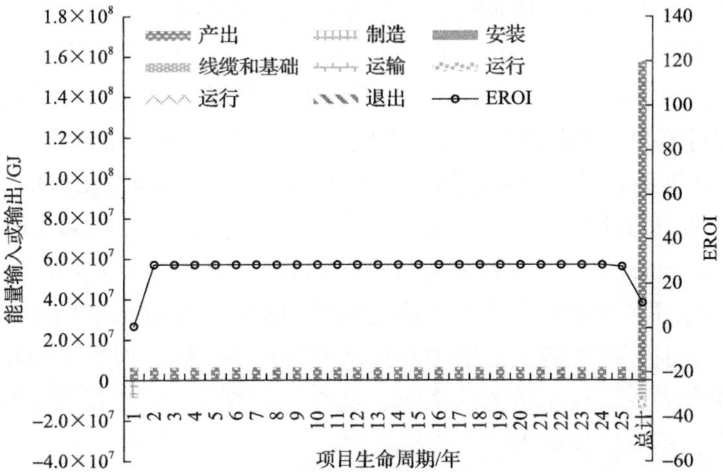

图 5.8　每 1kMW 风电机组生命周期内的能量输入和输出（扫码见彩图）

2. 净能源资源潜力评估结果

由上述分析可知，不包括农业用地的情景 1 中，中国每年风能技术潜力可达 6526.8TW · h/年；包含 70%农业用地的情景 2 可达 8926.1TW · h/a。对比情景 1 和情景 2 可知，在风能资源开发时增加农用地的利用率，资源的技术潜力将随之增加。随着土地利用情况不断改变，风能利用技术也在不断进步，因此上述资源潜力并不是最终结果，中国风能资源潜力还有一定的上升空间。情景 1 和情景 2 的结果对比表明，提高农业用地在风能资源开发中的利用率可以提高 35.9%的资源潜力。中国有大面积农业土地，并且这些区域靠近电网负荷中心，如果合理利用这些地区的风能资源，将会大大增加中国的风能潜力。当然，最重要的是开发利用过程中要确保生态环境和农业生产不受破坏。

虽然情景 2 中农业土地利用率增加后风能资源技术潜力有所提高，但与其他研究相比，本研究的计算结果仍然小于大多数研究，这主要有以下三个原因：首先，本研究采用了更加精确的中国土地利用现状遥感监测数据，该数据库是目前中国对外公布的精度最高的土地利用遥感监测数据产品，因此与其他研究相比排除了更多不适合风力发电建设的区域；其次，由于海拔和温度的变化引起的空气密度变化影响了风的动能，因此直接导致风力机的额定功率无法达到理想状态，而这一点在其他研究中没有涉及；最后还考虑了地球表面粗糙度变化引起的风速剪切指数变化对风速的影响。综上所述，本书研究考虑包括表面粗糙度变化引起的风速剪切指数变化、空气密度随海拔和温度的变化及最优布置效率对最大输出的影响。而当这些参数被认为是平均的常量或理想状态下的取值时，风资源评估的计算结果有很大的差异。

对于经济系统来说，仅有风能资源的技术潜力是不够的，鉴于净能源才是经济社会发展所能利用的能源，风能资源的净能源潜力具有更加重要的意义。风能的净能源潜力是否也具有同样水平完全取决于 EROI，如果 EROI 过低，即使风能资源的技术潜力保持不变，风能的净能源潜力也会急剧下降。本研究的结果表明，情景 1 中国的陆上风能的技术潜力可达到 6526.8TW · h/a，净能源潜力（EROI=11.4：1）可达到 5954.27TW · h/a；情景 2 中国的陆上风能的技术潜力可达到 8926.1TW · h/a，净能量潜力（EROI=11.4：1）可达到 8143.11TW · h/a（结果如图 5.9 所示）。根据风能 EROI 的文献综述，中国风能资源的净能源潜力将在一个较大的范围内波动，当 EROI=57.7：1 时，净能源资源潜力与技术潜力几乎相同；而当 EROI=1.3：1 时，净能源资源潜力仅占技术潜力的 23%。这在一定程度上说明虽然中国风能资源技术潜力不小，但风能发电 EROI 波动较大。

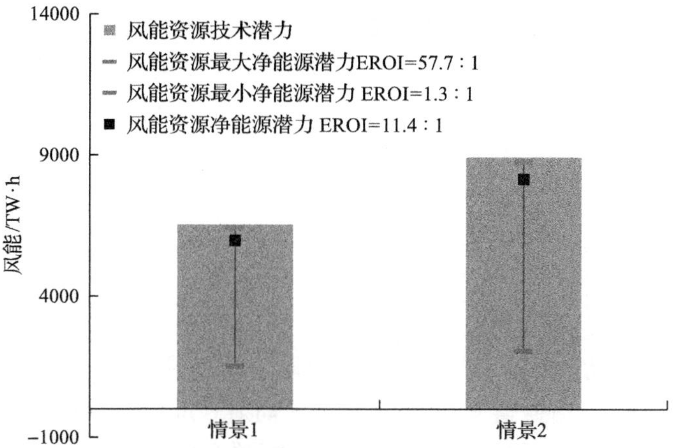

图 5.9　中国风能净能源潜力与技术潜力对比

Dupont 在研究了全球风能资源 EROI 分布后，发现 EROI 大于 12∶1 的地区风能资源最适合优先开发，这些全球高 EROI 的风能资源(EROI≥12 的风能资源)分布如下：20%在北美，16%在智利和阿根廷，15.5%在欧洲，14%在大洋洲，14%在非洲，13%在俄罗斯；中国所占份额仅为全球高 EROI 风能的 0.77%。这一结果表明，中国的高 EROI 风力资源相对较少，如果想要风能资源快速发展，当务之急是快速提升中国风能 EROI 水平。鉴于 EROI 的重要意义，在能源项目建设前应将 EROI 评估纳入可行性评估中，建议优先发展 EROI≥12∶1 的风能资源。另外，大规模的风电场与分布式风机相比有更小的能源投入，同时又有更大的能源产出。中国风能资源分布不平衡，西北地区风能的发展具有规模化、集中化、低成本建设的优势。这有利于促进规模效应，包括降低建筑成本，增加能源产出，同时进一步减少能源投入，提高 EROI。因此，从 EROI 分析的角度来看，中国的风能发展仍然需要首先关注西北地区。从长期来看，提高技术水平是最为关键的手段，如风机设计参数中的额定功率与风机的 EROI 呈正相关，额定功率又是技术水平的一个重要指标。目前中国风资源利用大部分还是依靠较低额定功率的风机，较大额定功率的风机依然有很大的进步空间和市场规模。

5.3　太阳能资源潜力评估

5.3.1　数据分析及处理

人类对于太阳能的了解经历了一个漫长的认识、适应和利用的过程。地球上生物在进行生命活动时，必不可少的就是能量，而这些能量都是对太阳能源的直接或间接转化利用。太阳能通过太阳辐射传递到地球，这些太阳辐射在穿过大气层时，一部分辐射被大气中的水汽、冰晶或有色气体反射、散射和吸收。因此，到达地面的太阳辐射只是其中的小部分，其中一部分被直接反射到大气层之外；另一部被地球吸收，或用于植物的光合作用，千万年之后又以化石能源和生物质能源的形式固定下来，或者直接加热地球表面的陆地、海洋和大气，最终对地球气候产生影响。

与风能相同，太阳能由于潜在的巨大潜力和较小的环境负外部性，在全球的能源结构转型中占据越来越重要的位置。太阳能利用一般依靠光伏组件捕获太阳能辐射来发电，精确可靠的太阳辐射数据是资源开发、选址评估、监测系统效率和发电量预报等活动的重要科学决策的依据，提供了坚实可靠的基础信息。目前的太阳能资源潜力评估通常需要对全球水平辐射(Global Horizontal Irradiance，GHI)做出估计。GHI 是平板光伏发电技术中能源产出估计中的重要的性能参数，实质为太阳直接辐射和漫射分量之和，单位为 kW·h/m^2。在此基础上，还需要根据场地的地理条件和光伏系统的性能参数估计太阳能转换为电能的总产出。

对于太阳能资源潜力评估来说，首先要做的就是研究可利用土地的约束条件，以排除不适合太阳能发展的地区，这些标准一般都来自土地利用等方面的约束。不同国家或地区对于限制光伏开发的约束条件不完全相同，同时地理信息的数据来源也不尽相同，因此针对不同研究对象和范围，需要设置不同约束条件下的情景。表 5.7 总结了较为典型的基于 GIS 的太阳能资源潜力相关研究，并对约束条件进行了综述，发现虽然约束条件不完全相同，但有一些重要的约束条件是一致的。

表 5.7 相关研究的 GIS 模型及相应的约束条件综述

作者(年份)	约束因素	研究对象
Doljak 和 Stanojević(2017)[83]	全球太阳辐射、日照时数、空气温度、相对湿度、坡向、坡面、植被指数	叙利亚
Merrouni 等(2016)[84]	坡向、坡面、邻近道路、邻近电网、永久性和非永久性水路	摩洛哥
Sánchez-Lozano 等(2013)[36]	农业能力、坡向、坡面、邻近主要道路、邻近电网、邻近变电站、居民点、全球太阳辐射、空气温度	西班牙
Aly 等(2017)[85]	全球太阳辐射、永久及非永久水道、邻近主要道路、邻近电网、居民点	坦桑尼亚
Ehsan 等(2016)[86]	全球太阳辐射、空气温度、邻近主要道路、临近电网、居民点、坡向、海拔高度、阴天、湿度、尘土	伊朗
Zoghi 等(2017)[87]	全球太阳辐射、日照时数、阴天、尘土、雨雪、湿度、邻近主要道路、临近电网、居民点、坡向、坡面、海拔高度	伊朗
Doorga 等(2019)[88]	全球太阳辐射、日照时数、空气温度、相对湿度、坡向、坡面、海拔高度、邻近主要道路、临近电网、日照时数、土地覆盖、风险区域、保护区、土地坡、人口密度	毛里求斯
Huang 等(2018)[89]	全球太阳辐射、建筑区、坡度、水体、自然保护区、土地利用	中国

经过对相关文献中排除因素进行总结后，本节选取了下述排除因素作为中国大陆太阳能光伏发电资源潜力研究的约束条件。

1) 坡度。坡度是决定太阳能电站建设最佳选址的重要因素。Julian 和 Bryan 等研究中指出[90]，坡度大于 4%的地形具有较低的潜力，主要是因为这会增加建设和维护成本。另外，邻近的太阳能电池板会遮挡下一排，这将影响太阳能发电厂的整体效率，因此大规模光伏电站需要建设在一个相对平坦的土地上。由于对太阳能发电厂可接受的坡度百分比没有达成共识，因此文献中使用了几个阈值。Charabi 和 Gastli、Merrouni 等排除了坡度大于 5%的地形[32,84]，Cohen 等排除了坡度大于 5.24%的地形[91]。Ehsan 等对坡度大于 11%的土地进行了剔除，对坡度小于该阈值的土地进行了多准则分析[86]。还有少数研究采用不同的最大可接受地表坡度进行光伏发电建设，范围为 3%～5.2%[92,93]。根据中国国土资源部的规定，地表坡度小于等于 5%(3°) 的土地最适合建设光伏电站[94]。因此，本研究以 5%(3°) 的坡度阈值为基准，将坡度较高的区域排除在分析之外，利用 ArcGIS 软件从 DEM 数据中提取了本次研究所用的坡度图。

2) 农业用地、林区、草地。与风能资源不同，光伏发电主要是对太阳光照辐射能力的转化，需要阳光无遮挡直射；同时，光伏发电还不能与植物生长的光合作用争抢阳光辐射，因此对植被的影响也必须考虑到资源潜力评估的研究中。考虑到这些因素，本书研究中将农业用地和林区排除在资源潜力评估之外。另外，草地属于生态较为脆弱的地区，为了优先保护生态环境，本书研究中对高、中、低覆盖度草地都不进行开发利用。

3) 已开发区域。在中国土地利用的研究中，已开发区域一般指城乡居民点及其以外的工厂、交通等用地，其中主要包括城镇用地(大、中、小城市及县镇以上建成区用地)、农村居民点(独立于城镇以外的农村居民点)、其他建设用地(厂矿、大型工业区、油田、盐场、采石场等用地及交通道路、机场及特殊用地)[95]。这类地区虽然可用于小规模分布式太阳能利用，但不利于集中式光伏大规模开发。因此，本研究中设置城市和村镇等已开发区域不用于发展大规模集中式光伏发电项目。

4) 海拔。海拔越高阳光照射越强烈，太阳能资源越丰富。目前全球海拔最高太阳能光伏电站为 4380m，位于中国西藏自治区，建成电站规模为 20MWp，占地约 685 亩，目前已经实现并网发电。这充分证明中国光伏发电技术水平已经可以征服高海拔区域。因此，在充分考虑技术进步的前提下，本书研究中太阳能光伏电站海拔约束限制为 4500m 以下。

除此之外，还有一些排除因素与本书研究中风能资源潜力评估中的排除因素相同，具体来说包括湖泊、水库、河流和不同湿地类型的永久水域及自然资源保护区。选择这些排除因素的原因与风能资源潜力评估时选择的排除因素相同，同样借鉴于本研究中光伏资源潜力评估时的排除因素，此处不一一赘述。

除了土地利用约束外，太阳能辐射强度数据也是必不可少的。世界银行集团[96]资助的能源部门管理援助计划(Energy Sector Management Assistance Program，ESMAP)进行了全球太阳能资源理论潜力普查。该计划选择 Solargis 作为其全球太阳能数据和相关太阳能评估服务提供商，太阳能资源的长期平均值数据(全球的漫反射和直接辐射)由 Global Solar Atlas 提供，涵盖北纬 60°至南纬 45°之间的区域(因为卫星角度的倾斜，导致难以对这些区域坐标之外进行准确评估)。太阳能辐射数据的栅格分辨率为 3～7km(取决于纬度)，增强后可达到 1km。

5.3.2　评估模型建立

太阳光照到达地球后的辐射分为两种，一种是直接穿透大气后照射到地面的日照辐射，称为直射辐射(Direct Normal Irradiance，DNI)，这类辐射穿透大气时方向没有改变，因此辐射强度较强；另一类辐射称为太阳的散射辐射(Diffuse Horizontal Irradiance，DHI)，指的是太阳日照辐射在穿透大气时发生散射导致方向改变，或者由地面上其他物体反射后的太阳辐射。直射辐射直接来自太阳方向；散射辐射来自非太阳方向，与天气和地面情况相关性极大，导致散射辐射变化幅度较大。一般地区晴天时散射辐射为总日射的 10%左右，但是阴天时散射辐射又等于总日射。太阳的直射辐射和散射辐射到达水平表面的辐射称为总水平辐射，又称为全球太阳辐射(Global Horizontal Irradiance，GHI)。光伏电池系统利用的就是太阳能总水平辐射，有关系式 GHI=DHI+GHI×cos(天顶角)。

全球太阳辐射是最重要的数据，为了找出最适合兴建光伏发电厂的地区，需要确定太阳日照辐射能力，即全球太阳辐射强度。因此，这一因素被认为是影响光伏发电项目评价极其重要的标准之一。辐射的强度决定了一个系统电能输出的大小。同时，由于不同区域间气候条件不同，雨雪风沙等天气会导致相同地区的不同时间日照辐射强度也不同，因此在获取全球太阳辐射数据时，采用数据周期为 30 年以上的平均辐射数值。

根据 Yushchenko 等[97]、Khan 和 Rathi[98]的研究，太阳能光伏发电的资源潜力计算公式如下：

$$E_{\text{PV, tech-potential}} = \text{GHI} \cdot \eta \cdot S_{\text{pv}} \cdot A_{\text{f}} \tag{5.18}$$

式中，$E_{\text{PV, tech-potential}}$ 为年光伏发电技术资源潜力(kW · h/a)；GHI 为总水平辐射(kW · h/m^2)；η 为太阳能光伏发电系统效率；S_{pv} 为可用于光伏发电的土地总面积(m^2)；A_{f} 为太阳能光伏电池板的土地占用因子，表示单个太阳能电池板面积与单个发电装置占地面积之比。

不同光伏发电技术对于太阳能的转化效率不同，表 5.8 给出了使用不同光伏发电技术潜在发电效率(kW·h/a)，本书研究中取用与其他研究相同的平均值15.5%[97]。同时，通过对相关文献的研究后得出，一般太阳能电池板的土地占用因子为 70%～85%。在充分考虑技术进步的前提下，土地占用因子取最小值 0.7。对于太阳能资源潜力，国家标准《太阳能资源等级　总辐射》(GB/T 31155—2014)[99]将太阳能资源等级划分为 A、B、C、D 四个等级，其中 D 类资源为太阳总辐射年辐照量小于 1050kW·h/m^2，C 类资源为太阳总辐射年辐照量 1050～1400kW·h/m^2，B 类资源为太阳总辐射年辐照量 1400～1750kW·h/m^2，A 类资源为太阳总辐射年辐照量大于 1750kW·h/m^2。

表 5.8　考虑不同技术类型的光伏发电技术参数[100]

光伏发电技术类型	英文缩写	效率/%	占地因子
单晶硅	Mono Si	15～20	0.7
多晶硅	Multi Si	15～17	
碲化镉薄膜	CdTe	9～11	
非晶硅薄膜	a-Si	6～9	
太阳能薄膜	CIGS	10～12	

5.3.3　资源潜力评估结果

根据 GIS 对中国大陆地区土地利用、地形地势等因素的分析，中国大陆地区有接近 139 万 km^2 土地可以用于光伏发电项目选址建设，这些地区大都集中在黑龙江和吉林的西部、内蒙古、甘肃、青海和新疆地区。其中，内蒙古西部和青海西北部太阳能资源最为丰富，以 A 类资源区居多；新疆虽然多为 B 类资源，但是由于面积辽阔，因此其太阳能资源潜力最为丰富。就全国来看，中国太阳能水平总辐射资源潜力仍然较为丰富，虽然可利用土地在全国国土面积中占比不大，但是资源等级较高。其中，A 类资源区占比 16.2%，二类资源区占比达到 81.2%，二者合占全国太阳能资源潜力 97.4%(图 5.10)。

在利用 GIS 技术对适合光伏发电的土地进行筛选之后，按照给定光伏发电的技术参数和土地利用排除标准，将辐射强度小于等于 5kW·h/(m^2/d)的不适合开发区域筛除后[101]，得出光伏发电技术资源潜力。结合通过文献调研获得的各种光伏发电技术的 EROI，以及给定范围最大值的技术转化率(表 5.8)，可以得出中国大陆不同技术类型的光伏发电技术资源潜力和净能源资源潜力(表 5.9)。忽略技术种类的差别，中国光伏技术资源潜力平均为 46808TW·h/a；由于平均 EROI 高达 18.1∶1，因此中国太阳能光伏发电净能源资源潜力平均为 42389TW·h/a，占技术资源潜力的 90.6%。从不同类别技术的角度进行对比分析，薄膜类光伏发电技术 EROI

普遍高于晶硅类光伏发电技术，造成这种结果的主要原因是晶硅类光伏发电技术大量利用高纯度硅元素，而高纯度硅中含有大量的隐含能，最终导致晶硅类光伏发电项目间接能源投入较大。虽然晶硅类光伏发电技术 EROI 较低，但其转化效率则高于薄膜类。

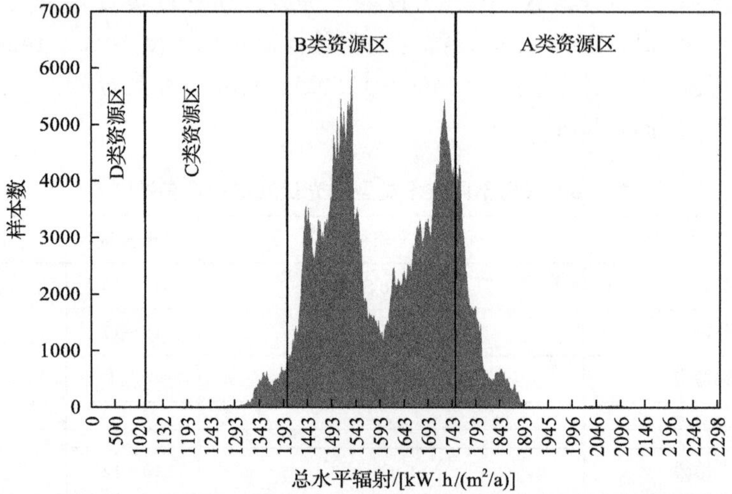

图 5.10 中国大陆可用于光伏发电区域总水平辐射及其样本数

表 5.9 中国大陆不同技术类型的光伏发电技术资源潜力和净能源资源潜力

技术类型	英文缩写	EROI	技术资源潜力/(TW · h/a)	净能源资源潜力/(TW · h/a)
单晶硅	Mono Si	5.9	67837	56339
多晶硅	Multi Si	9.6	57662	51655
碲化镉薄膜	CdTe	34.2	37310	36220
非晶硅薄膜	a-Si	21	30527	29073
铜铟镓硒薄膜	CIGS	19.9	40702	38657
市面平均水平		18.1	46808	42389

5.4 生物质能资源潜力评估

5.4.1 数据分析及处理

中国是生物质能源大国。BP 公司 2018 年的世界能源统计年鉴显示，中国 2017 年生物质能源产量为 2147kt 油当量，世界排名第七。中国又自古以来都是农业生产大国，每年因为秸秆等剩余农业废弃物处置不当会产生大量的碳排放。秸秆指的是农作物收取具有食用价值的籽实后，剩余的茎叶(穗)等部分蕴含的可利用价值。农作物的秸秆存储了一半以上的植物通过光合作用所固化的能量，并且富含各种有机质、纤维素和木质素等，是良好的可再生能源的原料。因此，将秸秆等剩余农业废弃物有效地利用起来，延长生物质能源的使用链条是将来能源转型的重要方向。

在进一步规划秸秆等剩余农业废弃物作为生物质能源使用之前，要先弄清秸秆资源潜力。目前来说，估计秸秆资源潜力的方法主要分为两类，一类是通过现有每年农业产品的产量和其草谷比系数来估算生物质能源的资源潜力。这种方法忽略了当仍然存在可以利用边际性土地时的潜在资源潜力。例如，刘洛等估计中国 2010 年边际性土地带来的粮食产量潜力再加上 2010 年的实际粮食产量，是当年全国实际粮食产量的 1.55 倍[102]。另一类方法是通过 GIS 将边际性土地和这些土地的净初级生产力相结合后估算出潜在的能源资源量。利用这种方法估算的生物质能源资源潜力实际上是理论资源潜力。这种方法应用于空间分析的结果上更加精确，对于土地利用和覆盖数据的分析更加贴合实际，但是存在过度简化的可能。例如，农业生产极度依赖土壤和气候因素，并且不同土壤适合耕种的农作物不同，最终产出的农作物秸秆产量也不同，这些秸秆直接决定了潜在的生物质能源资源量。在充分借鉴上述两种估算方法后，将二者结合起来，采用由国际粮农组织(Food and Agriculture Organization，FAO)和国际应用系统分析研究所(International Institute for Applied Systems Analysis，IIASA)共同合作开发的 GAEZ(Global Agro-Ecological Zones)模型，综合考虑气候、土壤等多方面因素估算中国粮食产量；然后通过 GIS 结合土地利用和地形地貌等数据对粮食产量进行数值模拟分析，得出潜在产量；最后利用草谷比等系数将其折算为标准煤当量的技术资源潜力。

本书研究的输入数据主要包括地形地貌、地形高程、气象数据、土壤数据、保护区范围、土地利用和土地覆盖数据，来源均与上文中太阳能和风能资源潜力测算数据相同。本研究针对稻谷、玉米、小麦三大粮食作物的生物质能源技术资源潜力和净能源资源潜力进行研究，这三大粮食产量占世界粮食产量的一半以上，同时又容易产生大量的废弃秸秆。这些秸秆资源都是良好的生物质能源生产原料。在计算过程中，两个重要的系数为植物的草谷比系数和折标煤系数。草谷比系数指的是植物的秸秆与籽实的比值，即草谷比系数=农作物秸秆的产量/作物产量。折标煤系数指的是植物秸秆通过一定技术手段转化利用后产出的能量折合成标准煤当量的系数。这两个参数是估算生物质能资源潜力的关键参数。

一般来说，秸秆的草谷比应该是一个相对稳定的数值，但是在阅读大量相关文献后发现，不同研究中对于农作物草谷比取值存在一定差异。总地来说，小麦秸秆草谷比取值范围为 0.73～1.718，水稻为 0.6～1.323，玉米为 0.9～2。对于这一现象，为了促进生物质能源的发展和规划，规范评估参数，国家发展和改革委员会办公厅及农业部办公厅公布了按照农区划分的各种秸秆草谷比系数(表 5.10)[103]。本研究采用的主要农作物的草谷比系数来源于此。另外，不同农作物秸秆的折标煤系数来自中国能源统计年鉴(表 5.11)。

表 5.10　不同农区主要农作物草谷比数据参考

主要农区	省级区域	玉米	水稻	小麦
华北农区	北京、天津、河北、山西、内蒙古、山东、河南	1.73	0.93	1.34
东北农区	辽宁、吉林、黑龙江	1.86	0.97	0.93
长江中下游农区	上海、江苏、浙江、安徽、江西、湖北、湖南	2.05	1.28	1.38
西北农区	陕西、甘肃、青海、宁夏、新疆	1.52	—	1.23
西南农区	重庆、四川、贵州、云南、西藏	1.29	1	1.31
南方农区	福建、广东、广西、海南	1.32	1.06	1.38
平均	全国	1.63	1.05	1.26

表 5.11　各种秸秆折标煤系数参考

秸秆类型	平均低位发热量/(kJ/kg)	折标煤系数/(kg 标准煤/kg)
稻秆	12545	0.429
麦秆	14635	0.500
玉米秆	15472	0.529

5.4.2　评估模型建立

目前中国生物质能源的来源主要是农业生产的秸秆，这不仅能够为农民创造额外的收入，同时在一定程度上缓解了秸秆处置不当带来的环境污染问题，更加能够丰富国家的能源供应，扩大非化石能源的使用比例。秸秆的产量与粮食的产量是紧密相关的。种植的粮食不同，得到的可能源化的秸秆就不同。因此，在确定了秸秆的草谷比系数和折标煤系数后，研究的重点和难点就在于潜在粮食产量的估算。本研究粮食生产潜力的估算采用了目前国际上广泛采用的 GAEZ 模型，充分考虑粮食生产实际情况的潜在生产力评估[104]。

GAEZ 模型首先根据各地区气候条件估算种植某种作物的气候适宜性；然后对适宜种植的作物采用逐级限制法来计算土地粮食生产潜力(图 5.11)，即按光合生产潜力(仅光照限制)—光温生产潜力(光照和温度限制)—气候生产潜力(光照、温度和水分限制)—土地生产潜力(光照、温度、水分和土壤限制)—农业生产潜力(农业投入水平、经营管理方法等约束)。GAEZ 模型提供了 11 个主要作物一级大类、49 种主要作物二级小类和 92 种作物三级子类的农业气候产量、产量限制、作物熟制和潜在产量估计，这些作物子类型在三种基本投入水平(高、中、低)下细分为 280 种作物/土地利用类型。结果包括农业气候可获得的产量、与气候有关的产量限制、作物日历数据及农业生态适宜性和生产力评估数据。

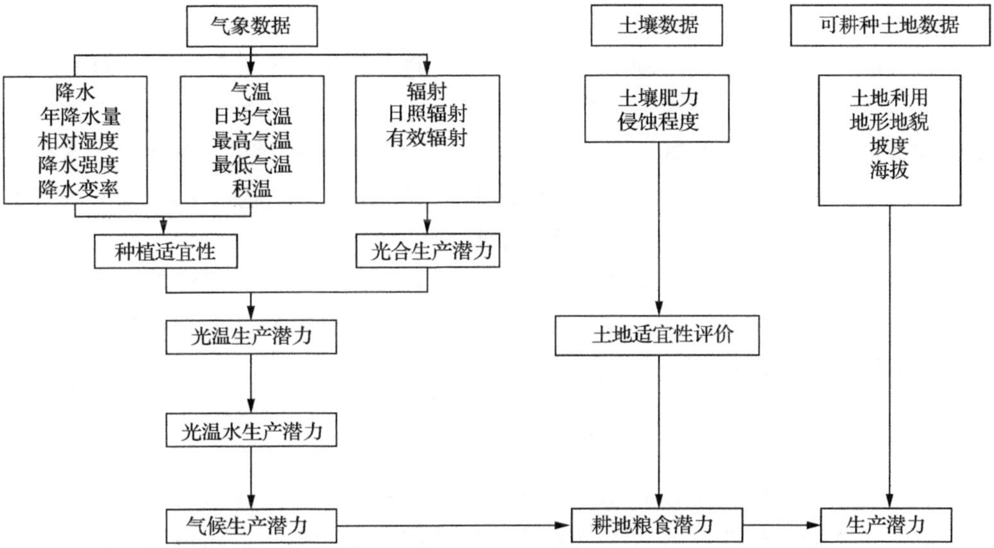

图 5.11　GAEZ 模型结构

本研究主要考虑了三大类作物，包括四个品种的小麦、四个品种的玉米、两个品种的水稻，这三种作物是中国主要的粮食作物。计算过程中将植物生长的适宜性与耕地分布数据相结合，如水稻仅能在潜在的水田上种植，而其他作物在旱地上种植。根据 1961～1990 年气候和农业气候数据分析得出的平均结果。GAEZ 模型框架评估了特定管理假设和投入水平下的土地适宜性、潜在可获得产量和作物的潜在产量，包含自然雨养生产和人工灌溉两种生产模拟情景。在农业生产投入方面，出于同样的原因，本书研究采用了高比例农业生产投入水平情景。高比例农业生产投入情景指的是在先进的经营理念下，农业系统以市场为导向，生产以改良的高产品种为基础，采用低劳动强度的全机械化生产，辅助最佳的土壤营养施肥、防治病虫害和清除杂草。

由于本研究中生物质能源的原料来自农业生产的废弃物秸秆，而秸秆产量受到粮食产量、草谷比的影响。不同农业产区的草谷比不同，同时不同农业产区适宜种植的农作物也不同。例如，南方农区适合种植水稻，而华北农区适合种植玉米。这就需要考虑到地理信息数据每个栅格中种植何种农作物所能获得的秸秆最大化的能源。在得到 GAEZ 模型评估的水稻、玉米、小麦的最大农业生产潜力结果后，与不同农业产区的不同作物的草谷比系数和折标煤系数相结合，最终得出农业生产获得的秸秆最大生物质能技术潜力。其具体公式如下：

$$E_{\text{Bio, tech-potential}} = \sum_{j=1}^{n} (\text{yield}_i \cdot \text{RPR}_i \cdot \theta_i)_{\max} \tag{5.19}$$

式中，$E_{\text{Bio, tech-potential}}$ 为某种农作物秸秆在中国大陆的不同农业产区生物质能潜力总和；yield_i 为农作物 i 在该栅格所属农业产区的灌溉条件下粮食生产潜力；RPR_i 为农作物 i 在该栅格所属农业产区的草谷比系数；θ_i 为农作物 i 的秸秆在该栅格所属农业产区的折标煤系数；j 为所有可以用于生物质能种植的土地栅格，本研究中栅格大小为 1km×1km；特定土地栅格内只能种植一种植物，下角 max 为本书研究中选择的是该栅格内能源化最大的农作物。

在研究过程中，有一些土地由于土壤不适合、或已建有其他建筑、或政策法规不允许用于农业用途，因此需要在评估中去除，包括自然和人工水体、自然保护区、海拔大于 4000m 的地区等。

5.4.3 资源潜力评估结果

本节采用 GAEZ 模型评估的三种农作物的生产潜力是在充分考虑土壤适宜性、温度、光照、降水、海拔等气候和地形地貌数据的基础上测得的，因此与一般模型相比更加贴近实际的农业生产过程。但 GAEZ 模型计算的三种粮食产量潜力只考虑单一品种的粮食产量潜力，考虑到同一种粮食在全国范围内由于土壤和气候的不同秸秆产量不同，因此需要进一步优化。此时需要充分利用 GIS 在空间分析方面的优势，通过栅格计算器和栅格镶嵌工具，将同一个栅格中的三种粮食的最大生产潜力与不同地区的草谷比和折标煤系数相结合，只采用能够最大化产出单位热值能量的类型，避免了草谷比和折标煤系数随种植区域和农作物类型不同导致的变化最终对能源产量的影响。总的来看，与风能和太阳能潜力分布不同，中国大陆地区生物质能源潜力主要分布在华北、华南和长江中下游地区，这也是中国传统的农业种植区(附录 D)。这些地区往往秸秆资源丰富，靠近能源负荷中心且空气污染问题严重。因此，在这些区域大量使用生物质能源往往能够起到一举两得的效果。计算结果显示，中国农业生产剩余的秸秆资源较为丰富，共有潜在 438.8 万 km^2 的土地可以用于三种粮食生产，这些粮食的秸秆能源化利用后，平均每公顷最大可生产 6.46tce 的生物质能，总计 28.34 亿 tce 的生物质能源潜力，按照热值换算，则为 23059.4TW·h(按照火电标准煤耗计算，0.1229kg 标准煤=1kW·h)电力当量。结合生物质能源 EROI 最大值为 27∶1，最小值为 1.1∶1，平均 EROI=7.56∶1，中国大陆生物质能净能源潜力最大为 27.3 亿 tce，最小为 2.6 亿 tce，平均为 24.6 亿 tce 净能源潜力，按照热值换算，则为 20016.27TW·h

电力当量。

参 考 文 献

[1] BP. Statistical review of world energy 2018[DB/OL].（2018-10-25）[2019-03-25]. London: BP. https://www.bp.com/en/global/corporate/energy-economics/statistical-review-of-world-energy.html.

[2] 国家能源局. 2018 年可再生能源并网运行情况介绍[EB/OL].（2019-1-28）[2019-03-25]. http://www.nea.gov.cn/2019- 01/28/c_137780519.htm.

[3] Moriarty P, Honnery D. Can renewable energy power the future? [J]. Energy Policy, 2016（93）: 3-7.

[4] Coelingh J P, Wijk A J M, Holtslag A A M. Analysis of wind speed observations over the North Sea[J]. Journal of Wind Engineering & Industrial Aerodynamics, 1996, 61（1）: 51-69.

[5] Walmsley T G, Walmsley M R W, Atkins M J. Energy return on energy and carbon investment of wind energy farms: A case study of New Zealand[J]. Journal of Cleaner Production, 2017（167）: 885-895.

[6] Kubiszewski I, Cleveland C J, Endres P K. Meta-analysis of net energy return for wind power systems[J]. Renewable Energy, 2010, 35（1）: 218-225.

[7] Li L, Ren X, Yang Y, et al. Analysis and recommendations for onshore wind power policies in China[J]. Renewable & Sustainable Energy Reviews, 2018（82）: 156-167.

[8] AWEA. U.S. Wind industry annual market report year ending 2016 fact sheet[EB/OL]. [2018-5-3]. https://www.awea.org/reducing-greenhouse-gas-emissions.

[9] Mentis D, Hermann S, Howells M. Assessing the technical wind energy potential in Africa a GIS-based approach[J]. Renewable Energy, 2015（83）: 110-125.

[10] Dupont E, Koppelaar R, Jeanmart H. Global available wind energy with physical and energy return on investment constraints[J]. Applied Energy, 2018（209）: 322-338.

[11] Siyal S H, Mörtberg U, Mentis D. Wind energy assessment considering geographic and environmental restrictions in Sweden: A GIS-based approach[J]. Energy, 2015（83）: 447-461.

[12] Cavazzi S, Dutton A G. An offshore wind energy geographic information system（OWE-GIS）for assessment of the UK's offshore wind energy potential[J]. Renewable Energy, 2016（87）: 212-228.

[13] Musial W D, Ram B. Large-scale offshore wind power in the United States: Assessment of opportunities and barriers [R]. Golden: National Renewable Energy Laboratory, 2010.

[14] Möller B, Hong L, Lonsing R. Evaluation of offshore wind resources by scale of development[J]. Energy, 2012, 48（1）: 314-322.

[15] Schillings C, Wanderer T. A decision support system for assessing offshore wind energy potential in the North Sea[J]. Energy Policy, 2012（49）: 541-551.

[16] Liu Q, Lei Q, Xu H. China's energy revolution strategy into 2030[J]. Resources Conservation and Recycling, 2018（128）: 78-89.

[17] 国家发展和改革委员会，国家能源局. 能源生产和消费革命战略（2016—2030）[EB/OL].（2016-12-29）[2018-2-10]. http://www.gov.cn/xinwen/2017-4/25/5230568/files/286514af354e41578c57ca38d5c4935b.pdf.

[18] 中国能源研究会. 中国能源展望 2030[R]. 北京：中国能源研究会, 2016.

[19] 中国气象局. 中国风能资源评价报告[M]. 北京：气象出版社, 2006.

[20] Energy Research Institute（ERI）, China wind energy roadmap 2050 [R]. Beijing: Energy Research Institute（ERI）, 2014.

[21] Lu X, Mcelroy M B, Kiviluoma J, et al. Global potential for wind-generated electricity[J]. Proceedings of the National Academy of Sciences of the United States of America, 2009, 106(27): 10933-10938.

[22] He G, Kammen D M. Where, when and how much wind is available? A provincial-scale wind resource assessment for China[J]. Energy Policy, 2014(74): 116-122.

[23] Bosch J, Staffell I, Hawkes A D. Temporally-explicit and spatially-resolved global onshore wind energy potentials[J]. Energy, 2017(131): 207-217.

[24] Davidson M R, Zhang D, Xiong W, et al. Modelling the potential for wind energy integration on China's coal-heavy electricitygrid[J]. Nature Energy, 2016, 1(7): 16086.

[25] Liu C, Wang Y, Zhu R. Assessment of the economic potential of China's onshore wind electricity[J]. Resources Conservation and Recycling, 2016(121): 33-39.

[26] McElroy M B, Lu X, Nielsen C P, et al. Potential for wind-generated electricity in China[J]. Science, 2009, 325(5946): 1378-1380.

[27] 中新网. 国家能源局: 2018 年光伏发电新增装机 4426 万千瓦[EB/OL].（2019-1-28）[2019-02-05]. https://www.chinanews.com/ny/2019/01-28/8741052.shtml.

[28] Kimball H H. Variations in the total and luminous solar radiation with geographical position in the United States[J]. Monthly Weather Review, 1919, 47(5): 769.

[29] Coulson K. Solar and Terrestrial Radiation[M]. New York: Academic Press Inc, 1975.

[30] 周扬，吴文祥，胡莹. 西北地区太阳能资源空间分布特征及资源潜力评估[J]. 自然资源学报，2010，25(10): 1738-1749.

[31] Wang L Z, Tan H W, Ji L, et al. A method for evaluating photovoltaic potential in China based on GIS platform[J]. IOP Conference Series: Earth and Environmental Science, 2017(93): 012056.

[32] Charabi Y, Gastli A. PV site suitability analysis using GIS-based spatial fuzzy multi-criteria evaluation[J]. Renewable Energy, 2011, 36(9): 2554-2561.

[33] Jamal T, Ongsakul W, Singh J G, et al. Potential rooftop distribution mapping using Geographic Information Systems（GIS）for Solar PV Installation: A case study for Dhaka, Bangladesh, 29-31 May, 2014[C]. IEEE, Dhaka, 2014.

[34] Janke J R. Multicriteria GIS modeling of wind and solar farms in Colorado[J]. Renewable Energy, 2010, 35(10): 2228-2234.

[35] Sun Y W, Hof A, Wang R, et al. GIS-based approach for potential analysis of solar PV generation at the regional scale: A case study of Fujian Province[J]. Energy Policy, 2013(58): 248-259.

[36] Sánchez-Lozano J M, Teruel-Solano J, Soto-Elvira P L, et al. Geographical Information Systems（GIS）and Multi-Criteria Decision Making（MCDM）methods for the evaluation of solar farms locations: Case study in south-eastern Spain[J]. Renewable & Sustainable Energy Reviews, 2013, 24(10): 544-556.

[37] Sánchez-Lozano J M, Antunes C H, Garcíacascales M S, et al. GIS-based photovoltaic solar farms site selection using ELECTRE-TRI: Evaluating the case for Torre Pacheco, Murcia, Southeast of Spain[J]. Renewable Energy, 2014, 66(66): 478-494.

[38] Sabo M L, Mariun N, Hizam H, et al. Spatial energy predictions from large-scale photovoltaic power plants located in optimal sites and connected to a smart grid in Peninsular Malaysia[J]. Renewable & Sustainable Energy Reviews, 2016(66): 79-94.

[39] Gunderson I, Goyette S, Gagosilva A, et al. Climate and land-use change impacts on potential solar photovoltaic power generation in the Black Sea region. [J]. Environmental Science & Policy, 2015(46): 70-81.

[40] Gastli A, Charabi Y, Zekri S. GIS-based assessment of combined CSP electric power and seawater desalination plant for Duqum-Oman[J]. Renewable & Sustainable Energy Reviews, 2010, 14 (2) : 821-827.

[41] Charabi Y, Gastli A. GIS assessment of large CSP plant in Duqum, Oman[J]. Renewable & Sustainable Energy Reviews, 2010, 14 (2) : 835-841.

[42] Anwarzai M A, Nagasaka K. Utility-scale implementable potential of wind and solar energies for Afghanistan using GIS multi-criteria decision analysis[J]. Renewable & Sustainable Energy Reviews, 2017 (71) : 150-160.

[43] Watson J J W, Hudson M D. Regional Scale wind farm and solar farm suitability assessment using GIS-assisted multi-criteria evaluation[J]. Landscape and Urban Planning, 2015 (138) : 20-31.

[44] Ziuku S, Seyitini L, Mapurisa B, et al. Potential of Concentrated Solar Power（CSP）in Zimbabwe[J]. Energy for Sustainable Development, 2014 (23) : 220-227.

[45] IRENA. Unleashing the solar potential in ECOWAS: Seeking areas of opportunity for grid-connected and decentralised PV applications, an opportunity-based approach [EB/OL]. International Renewable Energy Agency, 2013.（2018-6-3) [2019-03-25]. https://www.irena.org/-/media/Files/IRENA/Agency/Publication/2014/GA_ECOWAS_Solar_Web.pdf.

[46] Broesamle H, Mannstein H, Schillings C, et al. Assessment of solar electricity potentials in North Africa based on satellite data and a geographic information system[J]. Solar Energy, 2001, 70 (1) : 1-12.

[47] Hermann S, Miketa A, Fichaux N. Estimating the renewable energy potential in Arica: A GIS-based approach [DB/OL]. International Renewable Energy Agency, 2014. [2018-6-1]. https://www.irena.org/DocumentDownloads/Publications/IRENA_Africa_Resource_Potential_Aug2014.pdf.

[48] 赵蒙蒙, 姜曼, 周祚万. 几种农作物秸秆的成分分析[J]. 材料导报, 2011, 25 (16) : 122-125.

[49] 陈明波, 秸秆能源化利用技术综述[J]. 江西农业学报, 2014, 26 (12) : 66-69.

[50] Sharma B, Birrell S, Miguez F E. Spatial modeling framework for bioethanol plant siting and biofuel production potential in the U.S[J]. Applied Energy, 2017 (191) : 75-86.

[51] Wilson B S. Modeling cellulosic ethanol plant location using GIS[D]. Knoxville: University of Tennessee, 2009.

[52] Gordon G, Parker N. Strategic assessment of bioenergy development in the west -spatial analysis and supply curve development[R]. Denver: Western Governors' Association, 2008.

[53] Parker N, Hart Q, Tittmann P, et al. Strategic assessment of bioenergy development in the west: spatial analysis and supply curve development[R]. Davis: University of California, 2011.

[54] Vukašinovic´ V, Gordic D. Optimization and GIS-based combined approach for the determination of the most cost-effective investments in biomass sector[J]. Applied Energy, 2016 (178) : 250-259.

[55] Saha M, Eckelman M J. Geospatial assessment of potential bioenergy crop production on urban marginal land[J]. Applied Energy, 2015 (159) : 540-547.

[56] Saha M, Eckelman M J. Geospatial assessment of regional scale bioenergy production potential on marginal and degraded land [J]. Resources, Conservation & Recycling, 2018 (128) : 90-97.

[57] Zyadin A, Natarajan K, Latva-Kayra P, et al. Estimation of surplus biomass potential in southern and central Poland using GIS applications[J]. Renewable & Sustainable Energy Reviews, 2018 (89) : 204-215.

[58] Natarajan K, Latva-Käyrä P, Zyadin A. New methodological approach for biomass resource assessment in India using GIS application and land use/land cover（LULC）maps[J]. Renewable and Sustainable Energy Reviews, 2016 (63) : 256-268.

[59] Hiloidhari M, Das D, Baruah D C. Bioenergy potential from crop residue biomass in India [J]. Renewable and Sustainable Energy Reviews, 2014 (32) : 504-512.

[60] 张蓓蓓. 我国生物质原料资源及能源潜力评估[D]. 北京：中国农业大学, 2018.

[61] Climate Forecast System Reanalysis. Global weather data for SWAT [DB/OL]. [2017-1-6]. https://globalweather.tamu.edu.

[62] Spindler D, Chawla A, Tolman H. An initial look at the CFSR reanalysis winds for wave modeling[R]. Camp Spring: National Oceanic and Atmospheric Administration, 2011.

[63] Manwell J F, McGowan J G, Rogers A L. Wind Energy Explained: Theory, Design and Application[M]. New York: Wiley, 2009.

[64] Manwell J F, Elkinton C N, Rogers A L, et al. Review of design conditions applicable to offshore wind energy systems in the United States[J]. Renewable & Sustainable Energy Reviews, 2007, 11(2): 210-234.

[65] Counihan J. Adiabatic atmospheric boundary layers: A review and analysis of data from the period 1880-1972[J]. Journal of Photochemistry & Photobiology Biology, 1975, 9(10): 871-905.

[66] RESDC. Resource and environment data cloud platform [DB/OL]. [2018-1-3]. http://www.resdc.cn.

[67] 国家质量监督检验检疫总局. 风电场风能资源评估方法: GB/T 18710—2002[S]. 北京：中国标准出版社, 2002.

[68] Sherman P, Chen X, Mcelroy M B. Wind-generated electricity in China: Decreasing potential, inter-annual variability and association with changing climate[J]. Scientific Reports, 2017, 7(1): 16294.

[69] UCN. Protect planet database[DB/OL].（2018-3-2）[2018-10-29]. https://www.protectedplanet.net.

[70] Sørensen B. Renewable Energy: Physics, Engineering, Environmental Impacts, Economics and Planning（Fifth Edition）[M]. Burlington: Elsevier Academic Press, 2004.

[71] Sørensen B. Conditions for a 100% renewable energy supply system in japan and south korea[J]. International Journal of Green Energy, 2004, 14(1): 39-54.

[72] Schallenberg-Rodriguez J. A methodological review to estimate techno-economical wind energy production[J]. Renewable & Sustainable Energy Reviews, 2013, 21(5): 272-287.

[73] Gustavson M R. Limits to wind power utilization [J]. Science, 1979, 204(4388): 13-17.

[74] Søren K. The economics of wind energy [R]. Belgium: The European Wind Energy Association, 2009.

[75] Lissaman P B, Gyatt G, Zalay A. Numeric-modeling sensitivity analysis of the performance of wind turbine arrays [R]. Richland: Pacific Northwest Laboratory, 1982.

[76] Hau E, Renouard H V. Windturbines: fundamentals, technologies, application, economics[J]. IEEE Electrical Insulation Magazine, 2013, 19(2): 48.

[77] Dupont E, Koppelaar R, Jeanmart H. Global available wind energy with physical and energy return on investment constraints[J]. Applied Energy, 2017, 209: 322-338.

[78] Gold Wind Company, Direct-drive permanent magnet wind turbine platform GW 3.0 MW（S）[EB/OL]. [2017-8-17]. https://goldwindamericas.com/sites/default/files/3.0%20MW%20PMDD%20Turbine%20-%20English.pdf.

[79] Crawford R H. Life cycle energy and greenhouse emissions analysis of wind turbines and the effect of size on energy yield [J]. Renewable and Sustainable Energy Reviews, 2009(13): 2653-2660.

[80] Mathur J, Kumarbansal N, Wagner H. Energy and environmental correlation for renewable energy systems in India[J]. Energy Sources, 2002, 24(1): 19-26.

[81] Wagner H J, Pick E. Energy yield ratio and cumulative energy demand for wind energy converters[J]. Energy, 2004, 29(12): 2289-2295.

[82] Ardente F, Beccali M, Cellura M, et al. Energy performances and life cycle assessment of an italian wind farm [J]. Renewable and Sustainable Energy Reviews, 2008, 12(1): 200-217.

[83] Doljak D, Stanojević G. Evaluation of natural conditions for site selection of ground-mounted photovoltaic power plants in Serbia[J]. Energy, 2017(127): 291-300.

[84] Merrouni A A, Mezrhab A, Mezrhab A. CSP sites suitability analysis in the eastern region of morocco[J]. Energy Procedia, 2016, 18(49): 6-15.

[85] Aly A, Jensen S S, Pedersen A B. Solar power potential of Tanzania: Identifying CSP and PV hot spots through a GIS multicriteria decision making analysis[J]. Renewable Energy, 2017(113): 159-175.

[86] Ehsan N, Dawud F, Mohsen A S, et al. Land suitability analysis for solar farms exploitation using GIS and Fuzzy Analytic Hierarchy Process (FAHP): A case study of Iran[J]. Energies, 2016, 9(8): 643-667.

[87] Zoghi M, Ehsani A H, Sadat M, et al. Optimization solar site selection by fuzzy logic model and weighted linear combination method in arid and semi-arid region: A case study Isfahan-IRAN[J]. Renewable & Sustainable Energy Reviews, 2017(68): 986-996.

[88] Doorga J R S, Rughooputh S D D V, Ravindra B. Multi-criteria GIS-based modelling technique for identifying potential solar farm sites: A case study in Mauritius[J]. Renewable Energy, 2019(133): 1201-1219.

[89] Huang T, Wang S, Yang Q, et al. A GIS-based assessment of large-scale PV potential in China[J]. Energy Procedia, 2018(152): 1079-1084.

[90] Julian C, Bryan B. Site options for concentrated solar power generation in the wheatbelt[R]. Perth: University of Western Australia, 2011.

[91] Cohen G, Skowronski M, Cable R. Solar thermal parabolic trough electric power plants for electric utilities in California[R]. Illinois: Solargenix Energy, 2005.

[92] Uyan M. GIS-based solar farms site selection using analytic hierarchy process (AHP) in Karapinar region, Konya/Turkey[J]. Renewable and Sustainable Energy Reviews, 2013(28): 11-17.

[93] Schwarzenegger A. Solar thermal parabolic trough electric power plants for electric utilities in california[EB/OL]. (2017-9-22) [2019-04-20]. http://www.energy.ca.gov/2005publications/CEC-500-2005-175/CEC-500-2005-175.PDF.

[94] 国土资源部. 光伏发电站工程项目用地控制指标(国土资规〔2015〕11 号) [EB/OL]. (2018-12-10) [2019-04-20]. http://g.mnr. gov.cn/201701/t20170123_1429897.html.

[95] 中国科学院地理科学与资源研究所. 资源环境数据云平台[DB/OL]. (2018-5-28) [2019-04-20]. https://www.resdc.cn/.

[96] The World Bank. 世界银行 WID 数据库[DB/OL]. [2018-1-2]. http://data.worldbank.org.cn.

[97] Yushchenko A, De Bono A, Chatenoux B, et al. GIS-based assessment of photovoltaic (PV) and concentrated solar power (CSP) generation potential in West Africa[J]. Renewable & Sustainable Energy Reviews, 2017, 81(2): 2088-2103.

[98] Khan G, Rathi S. Optimal site selection for solar PV power plant in an Indian state using geographical information system (GIS) [J]. International Journal of Emerging Engineering Research and Technology, 2014, 2(7): 260-266.

[99] 中国国家标准化管理委员会. 太阳能资源等级 总辐射: GB/T 31155—2014[S]. 北京: 中国标准出版社, 2014.

[100] Gastli A , Charabi Y . Siting of large PV farms in Al-Batinah region of Oman[C]. IEEE, Manama, 2010.

[101] 中国能源长期发展战略研究项目组. 中国能源中长期(2030、2050)发展战略研究: 非化石能源卷[M]. 北京: 科学出版社, 2011.

[102] 刘洛, 徐新良, 刘纪远. 1990—2010 年中国耕地变化对粮食生产潜力的影响[J]. 地理学报, 2014, 69(12): 1767-1778.

[103] 国家发展改革委办公厅, 农业部办公厅. 关于开展农作物秸秆综合利用规划终期评估的通知[EB/OL]. (2015-12-16) [2019-04-25]. https://www.ndrc.gov.cn/fggz/hjyzy/zyzhlyhxhjj/201512/t20151216_1314764.html?state=

123&state= 123&state=123&state=123.

[104] 联合国粮农组织. GAEZ v3.0: Global Agro-ecological Zones[DB/OL]. [2019-3-1]. http://webarchive.iiasa.ac.at/Research/LUC/GAEZv3.0.

第6章　启示与建议

在大航海及之前的时代，人类对美好生活的期望建立在不断扩张的领地和不断增加生产资料消耗的基础之上，一旦土地不再扩张或者生产资料不再增加，人类发展就进入停滞，社会矛盾会逐渐显现，掉入“马尔萨斯陷阱”。过去几百年来，能源是最重要的生产资料，几次大的工业革命都与能源转型息息相关。随着时间的推移，经济增长越来越快，经济规模越来越大，能源生产的效率越来越高，能源消费总量越来越大。当优质易采的化石能源产量递减和投入递增双向叠加施压后，化石能源所能产出的净能源产量逐渐放缓，产生的影响不仅包括经济发展和生活质量等方面，甚至对生产关系也有本质的影响。甚至有一些西方学者说道：“‘马尔萨斯陷阱’还是赶上我们了，如果不是现在，那也很快即将到来！”

而目前的经济学理论仍建立在资源供应充足的社会运转模式之上，这些经济理论模型大部分没有明确地提到净能源的影响，甚至一些经济学研究认为经济社会纯粹是在货币杠杆和信用扩张撬动下发展的，对能源的作用选择视而不见。如果从研究能源历史学者的角度来看，驱动人类历史大发展的并不是货币和金融等这些来自经济系统内部的人为因素，而是几乎都来自外部因素的改变：环境气候变化、地理大发现、工业革命等。但归根结底，这些外部环境的变化的驱动力都可以追溯到能源——尤其是化石能源的使用和消费带来的大量净能源。对于中国这样一个大国来说，从净能源的角度分析整个能源系统，能够更好地理解未来的能源结构转型和经济发展。在这样的背景下，本研究对于中国净能源的研究有如下启示。

(1)中国煤炭和石油的净能源产出达峰，天然气目前处于缓慢上升阶段，如果不尽快提高整个能源系统EROI，中国净能源供应将先于一次能源供应达峰。

从变化趋势来看，石油和煤炭EROI呈现下降趋势；天然气EROI呈现缓慢波动式上升趋势，但EROI动态函数拟合结果显示已经逐渐接近峰值。随着化石能源可采资源量的下降、资源耗竭程度逐渐加深、储量耗竭速度逐渐加快，预测按照目前的趋势发展，2030年中国煤炭、石油和天然气的EROI将分别下降至1.7∶1、1.3∶1和2.1∶1左右。中国能源系统以化石能源为主，在能源结构中占比长期超过80%。因此，由化石能源EROI下降引起的中国能源系统直接和间接能源消耗一直在快速增长。1987年，中国能源系统消耗的隐含能仅为1.52亿tce，而2015年增加到19.2亿tce。这意味着整个能源系统1987年消耗1tce净当量的隐含能就可以为经济系统供应5.62tce的一次能源，其中有4.62tce的净能源产出；而到了2015年，能源系统消耗1tce隐含能只能供应2.24tce的一次能源，其中只有1.24t

标准煤净当量净能源产出。按此趋势发展下去，随着 EROI 的下降，中国化石能源的一次能源供应量与净能源产出之间的差距将继续扩大，产生大量的净能源供应缺口。因此，对于中国能源系统来说，急需控制化石能源的 EROI 下降趋势，增加净能源供应。

在当前非化石能源还没有大比例使用的情况下，EROI 相对稳定的天然气可以作为过渡能源以支持经济社会发展。但是，目前中国天然气大量依靠国外进口，因此中国天然气净能源产出和 EROI 中影响因素最大的是进口价格。中国如果想要将天然气作为过渡能源，就必须要保证进口天然气价格稳定在合理区间，这样才能保证可以从进口的天然气中获得充足的净能源产出。

除了价格产生的间接能源投入之外，化石能源的最终可采储量对 EROI 的变化趋势也有极大的影响。简而言之，储量越大，有效产出越多，EROI 就越大。因此，对于化石能源来说，增加可采储量，不仅可以增加化石能源的 EROI，还可以推迟化石能源 EROI 到来的峰值时间。例如，美国页岩气的大规模商业化开采不仅让美国成为世界上最大的天然气生产国，新增的天然气优质储量更是直接将美国天然气 EROI 从 1981 年的 12∶1[1]提升到 2014 年的平均 17∶1(最高为 23∶1)[2]。

(2) 中国陆上风能、太阳能和生物质能 EROI 普遍高于化石能源，并且净能源潜力巨大。

综合评估结果来看，由于风能、太阳能和生物质能发电中间转化环节较少，效率较高，因此这三种非化石能源的 EROI 一般均高于化石能源。目前风能 EROI 平均水平为 11.4∶1，而太阳能光伏发电 EROI 平均水平为 18.1∶1，平均水平已经高于化石能源 EROI(图 6.1)，生物质能平均 EROI 水平在 7.6∶1。在各种能源的平均 EROI 水平下，中国大陆地区风能、太阳能和生物质能每年总计共有 80 亿 t

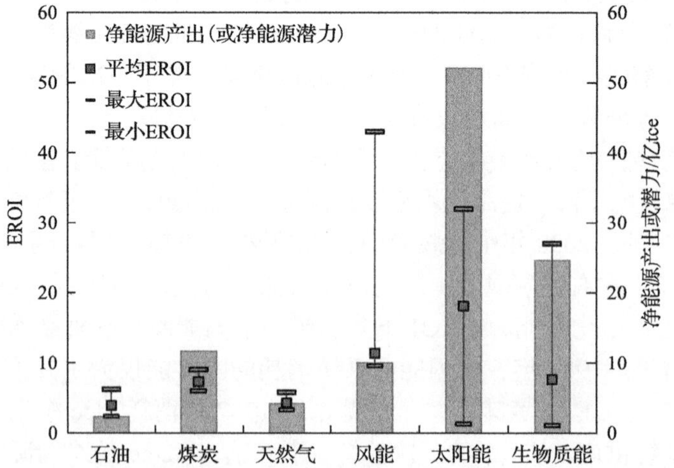

图 6.1　中国化石能源与风能、太阳能和生物质能的 EROI 及净能源潜力对比

标准煤净能源资源潜力，如果加以合理利用，这些都是潜在的净能源供应。但尤其需要注意的是，能源 EROI 的评价仅仅是宏观上的评价方法，是重要的但不是唯一评价替代能源的标准。其主要原因在于，可再生能源可以替代部分但不能替代全部化石能源，如石油对于化工产业的重要作用就不可替代。除此之外，非化石能源在项目建设和设备生产时依然需要消耗大量的化石能源，而且这部分消耗是不可避免的。

(3)能源系统的 EROI 增加是能源转型的本质规律。

根据马克思经济理论描述，财富的来源主要是剩余价值的大量积累，而 19 世纪以前剩余价值主要来自剩余劳动力。实际上劳动力也可以分为体力劳动和脑力劳动，如果把劳动力中的体力劳动也认为是一种能源，那么在化石能源大量使用之前，经济社会发展所需要的剩余能源主要来自体力劳动者付出的额外剩余劳动力。19 世纪以来，使用化石能源的机器大量替代人类的体力劳动，为经济社会发展提供了大量的剩余能源，将人类劳动逐渐从体力劳动中释放到脑力劳动中，促进生产力的进一步发展，形成了良性循环。由此可以说，生产力大发展的充分必要条件是大量剩余能源的出现，即充足、高效的净能源供应。

纵观人类能源转型历史，从薪柴直接燃烧到煤炭驱动蒸汽机，再到油气煤综合利用的内燃机和电气化时代，整个能源转型的路径就是能源系统的 EROI 不断增加的过程，即投入产出比逐渐提高，净能源供应量和效率不断增长。通过对中国能源系统的净能源现状分析研究后，一条清晰的能源转型路径逐渐显现出来：近期来说，为了延缓煤炭和石油 EROI 下降趋势，稳定净能源供应，应该着重增加优质的地质储量，尽量提高煤炭和石油工业的投入产出比；中期来说，扩大天然气的消费比例，增加天然气供应能力，是保障整个能源系统净能源供应最有效的办法；长期来看，整个能源系统依然要向非化石能源和电气化转型，通过增加净能源供应量和供应效率创造更多剩余价值，推动经济社会进步。

参考文献

[1] Cleveland C J, Costanza R, Hall C A S. Energy and the U.S. Economy: A Biophysical Perspective[J]. Science, 1984, 225(4665): 890-897.

[2] Moeller D, Murphy D. Net energy analysis of gas production from the marcellus shale[J]. Biophysical Economics & Resource Quality, 2016, 1(1): 1-13.

附录A 自下而上计算化石能源$EROI_{pou}$原始数据

表 A.1 中国煤炭$EROI_{pou}$计算数据(不包括港澳台) (单位：Mtoe)

年份	进口	TPES	生产加工和转化过程中的直接能源投入	发电过程中的直接能源投入	供热过程中的直接能源投入	进口的间接能源投入	能源工业投资的间接能源投入	能源运输过程中的直接能源投入	发电过程中的损失	供热过程中的损失	加工过程中的损失	$EROI_{pou}$
1996	1.81	661.60	32.14	13.34	4.99	6.14	0.15	16.00	0.00	6.22	0.36	9.0
1997	1.32	638.29	36.82	15.00	5.27	5.94	0.09	19.00	0.00	6.46	0.36	7.7
1998	1.06	649.46	43.13	14.80	6.38	5.45	0.06	18.03	0.00	6.38	0.22	7.3
1999	1.09	650.24	35.70	15.82	7.49	5.49	0.05	17.25	0.00	7.02	0.34	7.9
2000	1.50	664.72	35.31	17.84	7.79	5.93	0.05	18.34	0.00	7.68	0.37	7.7
2001	1.75	698.05	36.25	19.96	8.11	6.62	0.06	15.15	0.00	8.50	0.37	8.0
2002	6.06	756.88	36.32	22.91	7.89	7.23	0.23	17.07	0.00	9.65	0.43	8.1
2003	6.68	901.48	43.54	24.83	7.51	8.03	0.26	29.18	0.00	10.44	0.43	7.9
2004	11.37	1046.37	33.16	27.84	8.23	8.99	0.62	44.74	0.00	11.73	0.48	8.4
2005	14.92	1203.69	38.39	27.62	9.84	10.03	0.91	62.89	0.00	14.24	0.58	7.9
2006	20.63	1337.34	44.74	30.12	9.32	10.65	1.00	73.04	0.00	15.59	0.66	7.8
2007	28.09	1463.82	51.75	32.87	8.72	11.68	1.31	80.46	0.00	17.34	0.71	7.7
2008	23.81	1501.92	53.77	34.66	7.62	13.00	1.65	95.84	0.00	18.05	0.70	7.2
2009	72.32	1623.18	70.00	36.93	7.69	13.14	4.86	118.05	0.00	18.99	0.70	6.4
2010	98.79	1788.94	75.49	40.73	8.71	15.45	7.28	130.06	0.00	21.49	0.73	6.4
2011	117.45	1936.38	77.87	47.70	8.98	17.30	9.28	143.44	0.00	22.59	0.77	6.3
2012	151.91	1984.57	77.52	47.27	9.17	16.74	10.63	156.69	0.00	24.23	0.80	6.2
2013	174.11	2020.14	77.60	52.08	9.70	16.77	10.01	163.67	0.00	26.29	0.93	6.0
2014	154.48	2011.50	65.69	53.65	10.00	16.33	7.21	168.25	0.00	25.91	1.08	6.2
2015	108.75	1976.91	56.08	55.73	10.43	13.58	3.51	158.41	0.00	24.79	1.05	6.6

表 A.2　中国石油 $EROI_{pou}$ 计算数据（不包括港澳台）　（单位：Mtoe）

年份	进口	TPES	生产加工和转化过程中的直接能源投入	发电过程中的直接能源投入	供热过程中的直接能源投入	进口的间接能源投入	能源工业投资的间接能源投入	能源运输过程中的直接能源投入	发电过程中的损失	供热过程中的损失	加工过程中的损失	$EROI_{pou}$
1996	22.62	170.83	12.39	0.82	0.73	1.34	5.86	6.23	1.62	0.38	0.05	6.2
1997	35.47	191.30	18.80	0.81	0.65	1.36	8.41	8.16	1.90	0.35	0.04	4.9
1998	27.32	185.96	17.37	0.90	0.98	1.41	4.93	7.53	1.98	0.39	0.03	5.5
1999	36.61	204.74	17.43	0.83	0.92	1.56	6.11	6.82	1.86	0.37	0.04	6.0
2000	70.27	220.81	19.92	0.80	0.92	1.62	14.26	8.03	1.93	0.34	0.04	4.8
2001	60.26	225.98	20.27	0.86	0.92	1.74	11.19	8.79	1.90	0.36	0.04	5.1
2002	69.41	242.40	20.90	0.91	0.67	1.85	11.69	8.81	1.91	0.38	0.04	5.4
2003	91.02	270.13	22.88	0.90	0.70	1.95	18.39	16.74	1.62	0.38	0.04	4.4
2004	122.72	314.70	23.96	1.06	0.66	2.10	30.08	21.36	1.50	0.45	0.04	3.9
2005	126.82	317.82	22.57	0.70	0.48	2.28	38.27	26.77	1.56	0.36	0.03	3.5
2006	145.18	340.08	22.21	0.50	0.45	2.33	50.88	32.91	2.00	0.26	0.03	3.1
2007	163.16	354.91	22.47	0.35	0.36	2.37	52.07	39.59	2.00	0.18	0.03	3.0
2008	46.19	362.66	22.94	0.24	0.38	2.47	74.90	49.08	2.03	0.12	0.04	2.4
2009	203.65	376.60	23.12	0.15	0.37	2.62	48.86	50.80	1.89	0.08	0.03	3.0
2010	237.68	427.96	33.06	0.19	0.66	2.77	67.72	55.26	1.95	0.10	0.06	2.7
2011	253.78	442.16	33.99	0.16	0.55	2.78	89.07	57.90	1.83	0.07	0.05	2.4
2012	271.03	464.16	31.67	0.14	0.49	2.85	93.99	59.28	1.83	0.07	0.04	2.5
2013	281.74	485.39	32.42	0.13	0.45	3.01	86.71	70.49	2.17	0.06	0.04	2.5
2014	308.37	504.33	32.32	0.12	0.53	3.21	81.60	70.48	1.11	0.06	0.06	2.7
2015	335.48	533.73	35.18	0.13	0.48	3.14	83.20	53.76	0.88	0.06	0.05	3.9

表 A.3　中国天然气 $EROI_{pou}$ 计算数据（不包括港澳台）　（单位：Mtoe）

年份	进口	TPES	生产加工和转化过程中的直接能源投入	发电过程中的直接能源投入	供热过程中的直接能源投入	进口的间接能源投入	能源工业投资的间接能源投入	能源运输过程中的直接能源投入	发电过程中的损失	供热过程中的损失	加工过程中的损失	$EROI_{pou}$
1996	0.00	15.45	3.24	0.05	0.00	0.02	0.00	0.03	0.47	0.02	0.00	4.5
1997	0.00	16.85	4.50	0.14	0.01	0.02	0.00	0.08	0.46	0.06	0.00	3.4
1998	0.00	17.46	4.36	0.10	0.10	0.02	0.00	0.19	0.45	0.04	0.00	3.6
1999	0.00	18.86	4.81	0.08	0.19	0.02	0.00	0.26	0.49	0.04	0.01	3.4
2000	0.00	20.75	5.21	0.10	0.28	0.03	0.00	0.38	0.56	0.04	0.01	3.4
2001	0.00	23.35	6.03	0.09	0.32	0.04	0.00	0.33	0.52	0.04	0.01	3.3
2002	0.00	24.65	6.08	0.07	0.29	0.06	0.00	0.34	0.53	0.03	0.02	3.5
2003	0.00	27.73	6.78	0.08	0.21	0.08	0.00	0.40	0.56	0.04	0.01	3.6
2004	0.00	32.65	5.69	0.12	0.31	0.09	0.00	0.79	0.65	0.05	0.02	4.6

续表

年份	进口	TPES	生产加工和转化过程中的直接能源投入	发电过程中的直接能源投入	供热过程中的直接能源投入	进口的间接能源投入	能源工业投资的间接能源投入	能源运输过程中的直接能源投入	发电过程中的损失	供热过程中的损失	加工过程中的损失	$EROI_{pou}$
2005	0.00	38.78	5.60	0.17	0.34	0.24	0.00	1.08	0.86	0.09	0.02	5.1
2006	0.80	47.36	6.35	0.31	0.21	0.38	0.07	0.96	0.83	0.16	0.01	5.6
2007	3.36	59.12	7.44	0.42	0.23	0.45	0.33	1.21	0.93	0.22	0.02	5.8
2008	3.85	68.32	9.15	0.44	0.22	0.50	0.44	1.45	1.16	0.23	0.02	5.5
2009	6.39	75.04	9.40	0.73	0.25	0.57	0.58	2.28	1.82	0.37	0.02	5.3
2010	12.59	89.37	11.20	0.98	0.30	0.68	1.72	2.67	1.58	0.52	0.02	5.0
2011	24.50	109.96	13.41	1.23	0.28	0.85	4.04	2.68	1.47	0.58	0.02	4.8
2012	33.31	123.43	16.30	1.24	0.31	1.11	6.22	3.08	1.70	0.63	0.03	4.3
2013	41.66	140.48	20.63	1.36	0.39	1.26	6.57	3.69	1.30	0.68	0.04	4.1
2014	46.93	153.64	21.36	1.49	0.49	1.75	7.21	4.68	1.84	0.72	0.05	4.1
2015	48.64	161.26	21.72	1.97	0.57	2.01	5.38	5.61	1.84	0.88	0.06	4.3

表 A.4　EROI 评价和净能源分析中常用的典型转换系数及其来源

能源种类	转换因子/(kJ/kg)	能源种类	转换因子/(kJ/kg)
原煤	20908	铝	11700～272200
洗精煤	26344	钢	9430～32400
焦炭	28435	铜	80～255700
原油	41816	水泥	5500
汽油	43070	铁矿石	340～2900
煤油	43070	石头	210～57
柴油	42652	石灰岩	34
液化石油气	50179	铅	1400～31100
炼厂干气	45998	锌	76000
天然气	38931	磷酸盐	83～349
电力(当量)	3600(kJ/kW · h)	玻璃	11700～14200
牛粪	13799	塑料	59800～93900
猪粪	12545	麦秆	14635
羊、驴、马、骡粪	15472	玉米秆	15472
鸡粪	18817	薪柴	16726
大豆秆、棉花秆	15890	沼气	20908

表 A.5 中国化石能源铁路、管道货物运输周转量(不包括港澳台)(单位：10^{10}t/km)

年份	煤炭(铁路)	石油		天然气(管道)
		铁路	管道	
1996	435116	63693	56459	2006
1997	420970	65672	55825	2097
1998	386479	67843	58050	2527
1999	389496	77396	59652	3141
2000	420820	81599	60132	3483
2001	469580	89996	60179	5096
2002	512641	97316	61039	7239
2003	569329	102934	63387	10552
2004	637449	109964	69630	11861
2005	711214	118495	78139	30627
2006	755083	118015	84357	48487
2007	828182	115831	94587	57132
2008	922037	116236	106532	64130
2009	931772	119234	120101	72745
2010	1095504	120986	135185	86245
2011	1226674	112788	151666	107896
2012	1187383	108213	169434	140965
2013	1189489	108287	188967	160622
2014	1158161	111424	209477	223351
2015	962782	105667	209980	256555

表 A.6 中国化石能源进口金额(不包括港澳台) (单位：1000 美元)

年份	管道天然气进口金额	LNG 进口金额	原油+成品油进口金额	煤炭进口金额
1996	—	—	3406550	145930
1997	—	—	5456210	95620
1998	—	—	3274540	68340
1999	—	—	4641240	60860
2000	—	—	14860660	68600
2001	—	—	11666450	87500
2002	—	—	12757310	328460
2003	1	8	19782400	363400
2004	6	142	33911680	891810

续表

年份	管道天然气进口金额	LNG 进口金额	原油+成品油进口金额	煤炭进口金额
2005	8	182	47722930	1383450
2006	22	115426	66411900	1617790
2007	19	600575	79770910	2421610
2008	54	930845	129335000	3509110
2009	758	1262798	89255590	10573670
2010	993003	3015094	135151100	16932080
2011	4651657	5763572	196664470	23890290
2012	7941830	8234335	220799890	28716130
2013	9869047	9204502	219660370	29066370
2014	11614154	10617562	228288470	22257210
2015	9690000	8854373	134451220	12101330

附录 B　投入产出表部门及数据处理

表 B.1　中国投入产出表中部门合并(不包括港澳台)

合并前代码	合并前部门	合并后代码	合并后部门
1	农林牧渔产品和服务	A	农、林、牧、渔、水利
2	煤炭采选产品	B	煤炭采选产品
3	石油和天然气开采产品	C	石油和天然气开采产品
4	石油、炼焦产品和核燃料加工品	D	能源加工和转化
5	燃气生产和供应		
6	电力、热力的生产和供应	E	电力、热力的生产和供应
7	建筑	F	建筑业
8	金属矿采选产品	G	其他制造业
9	非金属矿和其他矿采选产品		
10	食品和烟草		
11	纺织品		
12	纺织服装鞋帽皮革羽绒及其制品		
13	木材加工品和家具		
14	造纸印刷和文教体育用品		
15	化学产品		
16	非金属矿物制品		
17	金属冶炼和压延加工品		
18	金属制品		
19	通用设备		
20	专用设备		
21	交通运输设备		
22	电气机械和器材		
23	通信设备、计算机和其他电子设备		
24	仪器仪表		
25	其他制造产品		

续表

合并前代码	合并前部门	合并后代码	合并后部门
26	废品废料	G	其他制造业
27	金属制品、机械和设备修理服务		
28	水的生产和供应		
29	交通运输、仓储和邮政	H	交通运输仓储邮政
30	批发和零售	I	批发、零售业和住宿、餐饮业
31	住宿和餐饮		
32	信息传输、软件和信息技术服务	J	其他行业
33	金融		
34	房地产		
35	租赁和商务服务		
36	科学研究和技术服务		
37	水利、环境和公共设施管理		
38	居民服务、修理和其他服务		
39	教育		
40	卫生和社会工作		
41	文化、体育和娱乐		
42	公共管理、社会保障和社会组织		

表 B.2 中国投入产出表中各部门合隐含能消费(不包括港澳台) (单位：万 tce)

年份	农、林、牧、渔、水利	煤炭采选产品	石油和天然气开采产品	能源加工和转化	电力、热力的生产和供应	建筑业	其他制造业	交通运输仓储邮政	批发、零售业和住宿、餐饮业	其他行业
1987	32743	3736	1780	4765	4938	24072	688436	6391	5634	37255
1990	36770	4655	2063	6539	6432	16222	873232	8856	5047	40140
1992	31760	5092	2362	7071	7775	21625	1087241	9524	30536	73207
1995	46250	5976	3210	11684	13083	38016	1750273	11815	21213	64189
1997	57253	6758	3896	17460	17075	59798	2122477	14517	24229	101273
2002	37671	5640	5108	29079	19491	64705	1578480	39037	31684	151746
2005	30395	8456	4407	28646	42663	45731	2408826	50098	19453	177670
2007	25423	9165	4820	34970	55454	68103	3378805	42476	24302	153832
2010	26546	15384	5088	45530	62742	100688	4535474	58121	26072	226449
2012	32245	16748	4519	60300	66439	118457	4647884	68659	32599	343160
2015	39405	14876	4800	91295	81009	227403	6398368	99626	54343	594902

附录 C　GIS 基本数据

附录中地图栅格数据和土地类型数据均来自中国科学院地理科学与资源研究所，数据基于 Landsat 8 遥感影像，精度为 1km×1km。自然保护区栅格数据来自 IUCN Protected Planet 数据库。

表 C.1　中国土地利用类型分类

一级类型		二级类型		含义
编号	名称	编号	名称	
1	耕地	—	—	指种植农作物的土地，包括熟耕地、新开荒地、休闲地、轮歇地、草田轮作物地；以种植农作物为主的农果、农桑、农林用地；耕种三年以上的滩地和海涂
—	—	11	水田	指有水源保证和灌溉设施，在一般年景能正常灌溉，用以种植水稻、莲藕等水生农作物的耕地，包括实行水稻和旱地作物轮种的耕地。111 为山地水田，112 为丘陵水田，113 为平原水田，114 为大于 25°坡地水田
—	—	12	旱地	指无灌溉水源及设施，靠天然降水生长作物的耕地；有水源和浇灌设施，在一般年景下能正常灌溉的旱作物耕地；以种菜为主的耕地；正常轮作的休闲地和轮歇地。 121 为山地旱地，122 为丘陵旱地，123 为平原旱地，124 为大于 25°坡地旱地
2	林地	—	—	指生长乔木、灌木、竹类，以及沿海红树林地等林业用地
—	—	21	有林地	指郁闭度大于 30%的天然林和人工林，包括用材林、经济林、防护林等成片林地
—	—	22	灌木林	指郁闭度大于 40%、高度在 2m 以下的矮林地和灌丛林地
—	—	23	疏林地	指林木郁闭度为 10%～30%的林地
—	—	24	其他林地	指未成林造林地、迹地、苗圃及各类园地（果园、桑园、茶园、热作林园等）
3	草地	—	—	指以生长草本植物为主，覆盖度在 5%以上的各类草地，包括以牧为主的灌丛草地和郁闭度在 10%以下的疏林草地
—	—	31	高覆盖度草地	指覆盖度大于 50%的天然草地、改良草地和割草地。此类草地一般水分条件较好，草被生长茂密
—	—	32	中覆盖度草地	指覆盖度在 20%～50%的天然草地和改良草地。此类草地一般水分不足，草被较稀疏

续表

一级类型		二级类型		含义
编号	名称	编号	名称	
—	—	33	低覆盖度草地	指覆盖度在 5%～20%的天然草地。此类草地水分缺乏，草被稀疏，牧业利用条件差
4	水域	—	—	指天然陆地水域和水利设施用地
—	—	41	河渠	指天然形成或人工开挖的河流及主干常年水位以下的土地。人工渠包括堤岸
—	—	42	湖泊	指天然形成的积水区常年水位以下的土地
—	—	43	水库坑塘	指人工修建的蓄水区常年水位以下的土地
—	—	44	永久性冰川雪地	指常年被冰川和积雪覆盖的土地
—	—	45	滩涂	指沿海大潮高潮位与低潮位之间的潮浸地带
—	—	46	滩地	指河、湖水域平水期水位与洪水期水位之间的土地
5	城乡、工矿、居民用地	—	—	指城乡居民点及其以外的工矿、交通等用地
—	—	51	城镇用地	指大、中、小城市及县镇以上建成区用地
—	—	52	农村居民点	指独立于城镇以外的农村居民点
—	—	53	其他建设用地	指厂矿、大型工业区、油田、盐场、采石场等用地及交通道路、机场及特殊用地
6	未利用土地	—	—	目前还未利用的土地，包括难利用的土地
—	—	61	沙地	指地表为沙覆盖，植被覆盖度在 5%以下的土地，包括沙漠，不包括水系中的沙漠
—	—	62	戈壁	指地表以碎砾石为主，植被覆盖度在 5%以下的土地
—	—	63	盐碱地	指地表盐碱聚集，植被稀少，只能生长强耐盐碱植物的土地
—	—	64	沼泽地	指地势平坦低洼，排水不畅，长期潮湿，季节性积水或常年积水，表层生长湿生植物的土地
—	—	65	裸土地	指地表土质覆盖，植被覆盖度在 5%以下的土地
—	—	66	裸岩石质地	指地表为岩石或石砾，其覆盖面积大于 5%的土地
—	—	67	其他	指其他未利用土地，包括高寒荒漠、苔原等
9	—	99	海洋	

附录 D　生物质能源发展潜力

表 D.1　全国省级玉米、水稻、小麦种植面积潜力和单位产量潜力（不包括港澳台）

省份	小麦种植面积潜力 /10^3hm^2	小麦单位产量潜力 /(t/hm^2)	水稻种植面积潜力 /10^3hm^2	水稻单位产量潜力 /(t/hm^2)	玉米种植面积潜力 /10^3hm^2	玉米单位产量潜力 /(t/hm^2)
安徽	10879	8	5887	8	10879	12
北京	1585	3	0	0	1585	9
重庆	7138	7	6766	7	7123	10
福建	12105	5	12105	9	12105	10
甘肃	11467	7	0	0	7642	7
广东	17900	4	17900	9	17900	9
广西	21725	5	21725	8	21725	10
贵州	17219	7	14842	7	17196	10
海南	2815	3	3231	8	3231	7
河北	18466	3	0	0	16505	8
黑龙江	39703	4	0	0	31988	6
河南	15272	6	1230	6	15272	11
湖北	15387	8	10468	7	15365	12
湖南	18741	6	18741	8	18741	10
江苏	7663	8	2673	6	7663	13
江西	14915	5	14915	9	14915	10
吉林	17731	4	0	0	16247	7
辽宁	14384	5	0	0	14384	9
内蒙古	52272	3	0	0	28026	5
宁夏	1817	5	0	0	1303	4
青海	864	4	0	0	55	4
陕西	19785	7	0	0	19492	9
山东	14341	5	0	0	14341	11

续表

省份	小麦种植面积潜力 /10^3hm^2	小麦单位产量潜力 /(t/hm^2)	水稻种植面积潜力 /10^3hm^2	水稻单位产量潜力 /(t/hm^2)	玉米种植面积潜力 /10^3hm^2	玉米单位产量潜力 /(t/hm^2)
上海	653	9	653	7	653	12
山西	14556	5	0	0	13623	7
四川	23850	7	9567	5	20140	10
天津	1194	3	0	0	1194	10
新疆	5002	2	0	0	232	2
西藏	2637	6	30	6	225	7
云南	31034	6	13707	6	32306	7
浙江	10165	7	10158	9	10165	10
全国	446847	5	167722	8	395756	9